MUCHO MÁS QUE UN
SIMPLE SENTIMIENTO

ExLibric

MIGUEL SÁNCHEZ MARTÍN

MUCHO MÁS QUE UN SIMPLE SENTIMIENTO

EXLIBRIC
ANTEQUERA 2025

MUCHO MÁS QUE UN SIMPLE SENTIMIENTO
© Miguel Sánchez Martín
Diseño de portada: Dpto. de Diseño Gráfico Exlibric

Iª edición

© ExLibric, 2025.

Editado por: ExLibric
c/ Cueva de Viera, 2, Local 3
Centro Negocios CADI
29200 Antequera (Málaga)
Teléfono: 952 70 60 04
Fax: 952 84 55 03
Correo electrónico: exlibric@exlibric.com
Internet: www.exlibric.com

ISBN: 979-13-87707-98-9
Depósito Legal: MA 1046-2025

Impresión: PODiPrint
Impreso en Andalucía – España

Nota de la editorial: ExLibric pertenece a Innovación y Cualificación S. L.

MIGUEL SÁNCHEZ MARTÍN

MUCHO MÁS QUE UN SIMPLE SENTIMIENTO

Dedico este poemario a Estefanía, Miguel, Paula y Antonio, mis hijos,
que son la luz que guía cada uno de mis versos
y la razón más profunda de esta obra.

MUCHO MÁS QUE UN SIMPLE SENTIMIENTO

No vengo a daros muchas respuestas,
ni a fingir que la vida es una canción,
vengo a abrir cicatrices muy serias
y a invitaros a un sorbo de mi confesión.

No hay receta, ni truco, ni escuela,
para el arte cabrón de sentir,
pero hay versos que duelen y vuelan
como puñales que enseñan a vivir.

Cada estrofa es un grito en la ducha,
una tristeza que llora de más,
una tregua que nunca se escucha,
un espejo que no miente jamás.

Porque hay días que el alma se enoja,
hay abrazos que saben a un adiós,
y hay verdades que rompen la hoja
cuando escribes con tinta por voz.

Este no es un poema bonito,
es refugio, es guarida, es umbral,
es un trago tomado muy solito
en la barra del bar emocional.

Amar sin coraza, llorar sin censura,
rasgarse la piel sin un disfraz,
esperar que, aunque duela la cura,
afloren los sentimientos, nada más.

Que no es poca cosa, ya ves,
llevar por dentro un incendio
y, aun así, sonreír del revés
como el loco que ama su silencio.

Hay amor, hay derrota, hay anhelo,
hay heridas que saben cantar,
hay trocitos del mismo desvelo
que tú y yo solíamos guardar.

Porque a veces la vida no avisa,
y lo que revienta cuando uno calla,
al escribirlo, se convierte en la prisa
de sacar lo que adentro atormenta.

Así que pasa, siéntate, siente,
sin miedo, sin juicio, sin ley,
que al final lo más transparente
es lo humano que hay en tu grey.

Y si lloras, bendita la herida.
Y si ríes, que sea sin un plan.

Pues sentir, amigo, amiga,
es lo único que nos hace humanos…
Y eso nunca será un mal final.

CURRÍCULUM DEL VIENTO

Me alquilé la esperanza en pensión compartida
con vistas al caos de la calle del «ya veremos»,
la vida es un taxi sin freno y sin tarifa
que te lleva al futuro por calles sin olmos.

Crecí deshojando margaritas sin saña,
en tascas que abren cuando cierra el consuelo,
con un dios afónico que canta en España
y un diablo que fuma sentado en mi anhelo.

Los años son trenes que no paran nunca,
ni para dejarte, ni para llevarte, ni para subir;
los sueños, postales de una patria brusca;
los lunes, promesas que no saben mentir.

El tiempo es un truco de un mago borracho
que saca rutinas de un viejo sombrero;
la suerte es un dardo clavado en el pecho;
la vida, un paraguas sin tela ni forro.

Y, aun así, le brindo mi copa al desastre,
a esa musa que llega cuando estoy de resaca,
pero todo naufragio merece un buen mástil,
y toda derrota, su *blues* marcado en la placa.

He amado en estaciones que nadie paraba,
he dormido en balcones sin vista al después,
y aunque nadie me espera en la última trama,
llevo en cada arruga canciones de tres.

Así que brindemos por lo que no pasa,
por lo que nos pasa y no entiende el porqué,
la vida es un circo grande sin carpa ni casa,
donde a veces se gana perdiendo el andén.

QUÉ ESCONDE UN DESEO

Dicen que el alma no paga según la lógica,
y el cuerpo se olvida si pierde su práctica.
Que el vino no cura, si acaba en una charca,
y la piel del que brinda enrojece y se rasca.

Yo vi en un lugar una resaca lunática,
y un sueño bailando en falda dramática.
De la boca salía una risa simpática,
con un beso de pasión automática.

Detrás del deseo, no hay musa ni épica,
hay hambre, humo, hay mirada escéptica.
Hay pactos que firmo con la letra chica,
y puede que por ello consiga una beca.

Se esconde el ayer, con su farsa romántica,
las heridas que a veces se visten de parca.
Un miedo que a solas se guarda en petaca,
y duerme en los brazos de alguna neurótica.

Quizá el deseo, con su piel diplomática,
promete a Luna una charla erótica.
Pero cuando calla, tras noche frenética,
te deja en la cama con una duda críptica.

Dicen que el deseo no sabe de lógica
y siempre se esconde en falda neurótica.
Que llega elegante, con frase poética,
y acaba en un taxi con prisa alcohólica.

Promete futuros de forma simbólica,
te jura que el mundo es miel utópica.
Te firma en la espalda con tinta erótica
contratos que expiran tras una tónica.

Detrás del deseo no hay diosa ni épica,
hay ropa en el suelo y tos metafísica.
Un ego que busca su dosis narcótica,
y un te echo de menos con risa sarcástica.

El cuerpo es un circo, la cama, política,
te aplaude el final con fe y estadística.
Y tú, tan poeta de esquina irónica,
confundes amor con hambre crónica.

Que sí, que es hermoso, que sube la térmica,
que a veces hasta parece auténtica.
Pero cuando pasa la fiebre romántica,
¿descubres que el alma es solo escénica?

Y al filo del alba, con cara empírica,
recoges tus sueños en bolsa plástica.
Susurras al espejo tu frase diplomática,
el deseo, ese truco de magia doméstica.

QUE RÍA EL MUNDO

Que alguien le ponga limón a la herida,
que ría la vida, aunque duela al andar,
que un día de estos le robe a la rutina
un beso prestado, un milagro vulgar.

Que no se declare la guerra en tu cara,
que no se suiciden los lunes al sol,
que el alma no venda sus risas al drama,
ni el miedo no cobre peaje en alcohol.

Pongamos que hablo de un mundo cansado
de tanto noticiero que escupe dolor.
Pongamos que escribo con tinta de labios
grafitis que digan: «Sonríe, cabrón».

Que ría el mendigo, el banquero, el poeta,
que un chiste desarme al próximo cañón,
que un niño dibuje en la luna una mueca,
y el mundo recuerde por qué dijo «no».

Porque ya está bien de llorar por costumbre,
de amar con contrato, de odiar sin razón.
Yo quiero una risa que estalle en las nubes
y caiga en pedazos sobre el mal humor.

LOS SUEÑOS ROTOS

En un secreter polvoriento de mi alma,
donde la luna se esconde entre cerros,
guardo una caja que nunca se calma,
llena de promesas, de llantos y ahorros.

Son los sueños que nunca dieron fruto,
tardíos, caídos, como el sol a plomo,
se rompieron al contacto con el luto,
hoy bailan en mi mente, sordos de ánimo.

La cerré con llave, pero el aire entró,
la mentira abrió rendijas y secretos,
espejos que reflejan lo que nunca fui,
que me dan su sombra cuando yo les grito.

Tu rostro, en la tapa, sigue sonriendo,
con una voz de amor que se desangra,
y aunque el polvo me ahoga, voy entendiendo
las promesas quebradas que aún me abrazan.

Aquí dentro hay besos que se dieron fríos,
canciones que canté sin que nadie escuchara,
y la risa tonta de algún niño perdido,
que, porno ver la verdad, aún no se desarma.

Cada vez que abro la caja del olvido
es como entrar a un bar sin licor ni dueño,
donde los recuerdos se quedan perdidos,
bailando con la pena en su propio sueño.

Te busqué en mis sueños, pero te escapaste,
te perdiste en el aire, en el humo del tiempo,
y aunque busque entre ruinas y calles gastadas,
sé que nunca volveré a abrazarte, lo siento.

Pero la caja sigue ahí, en su rincón,
y aunque en ella ya nada me pertenece,
guarda fragmentos de lo que fue mi corazón,
y algún día, en sus pedazos, quizás me encuentre.

CUANDO TODO SE REPITE

Otra vez la camisa arrugada,
otro lunes que huele a un ayer,
el café que no te sabe a nada,
y el reloj que no puede retroceder.

Los mensajes que nunca han llegado,
las canciones que ya me olvidé,
la rutina girando muy al fondo,
como un lamento y sin un porqué.

Otra cita que llega sin prisa,
otra historia que empieza a doler,
una risa prestada, y sumisa,
otra noche fingiendo el placer.

Y en el callejón de los espejos
me saludan los mismos errores,
los zapatos, los viejos consejos,
y un desfile de antiguos temores.

Se repite el guion, el paisaje,
el murmullo detrás del telón,
una vida vivida en un viaje
sin destino y sin dirección.

Los amigos se van poco a poco,
como el frío que cala muy dentro,
uno aprende, despacio, a lo escrito,
que la calma también se propaga.

Pero a veces, de puro suicida,
me dan ganas de volver a empezar,
aunque sé que, en la próxima vida,
también se va a repetir todo… Da igual.

DE SAL Y DE FUEGO

No hay gloria en las cosas que fácil llegan,
ni magia en besos que no hacen temblar,
la vida se afina con tormentas, con prisa,
y el gusto se entrena con agua de mar.

Me donaron amores con todo incluido,
sin cláusulas raras, sin gresca, ni gracia,
y yo, enredado en la ruina y en el ruido,
los vi apagarse despacio y sin pena.

Esas metas pintadas de oro barato
no saben a nada si no hay que sudar,
prefiero el camino de piedras y gatos,
que un trono sin guerra por conquistar.

No es lujo el sosiego si nunca hubo guerra,
ni abrigo en el abrazo si no hubo un dolor,
los pasos que valen se escriben en tierra,
sangrando los pies al buscar un hogar.

Yo brindo, sin copa, por todos los locos,
cuando el gozo se esconde en lo arduo,
que nada se disfruta si cuesta muy poco,
hay más en lo roto que en todos los saldos.

QUE EL ODIO NO LLEVE CORBATA

¡Qué pena, mi hermano, que aún siga el veneno
corriendo en la sangre de tanto imbécil,
que el alma les pese menos que un euro
y el miedo les dicte su propio evangelio!

¡Qué pena, compadre, que el odio se aprenda
antes que el tango, la risa o el te quiero,
que un hombre distinto sea una condena
por no ser tan blanco, tan puro, tan «nuestro»!

Hay quien nace juez sin ponerse una toga,
quien dispara ideas con balas de plomo,
quien cree que pensar distinto es pecado,
y el otro, un demonio sin nombre ni rostro.

Y yo, que creía que el mundo era un barrio
donde se brindaba por todas las voces,
resulta que hay puertas cerradas con clavos
y patios sin niños, ni luz, ni canciones.

¡Qué pena, colega, que siga el aplauso
a tanto imbécil con traje de miedo,
que ni siquiera lleve corbata el odio
y pasee por barrios enteros su asco!

Pero aún queda gente que no se arrodilla,
que siembra futuro, que abraza al distinto,
y sueña que un día, sin racismo ni sentencia,
el mundo despierte más justo… y más limpio.

VÍSTETE DE FELICIDAD

Si abres el armario y el caos te acecha,
con camisas arrugadas y el pantalón roto,
y ya no sabes qué ponerte,
piensa que el día no se pierde en prendas,
sino en la calma que se viste con cariño,
aunque sea con el primer saco que encuentres.

No hace falta que el reloj te acorrale,
ni que la moda te dicte tus pasos.
Vestirse de felicidad es un acto rebelde,
una prenda invisible que no pesa en los hombros,
pero te queda como un abrazo que no se ve.

Quizá el destino te haya bordado un traje,
pero, amigo mío, ¿quién necesita corbata
cuando lo único que importa es saber reírse
de este lío que llamamos vida?

Coge lo primero que encuentres,
y no te hagas más preguntas.
Póntelo con el orgullo de quien sabe
que la mejor vestimenta es la que no se compra,
sino la que se lleva por dentro.
Porque cuando te vistes de felicidad,
el resto, amigo, seguro que sobra.

QUE NADIE SE OLVIDE DE MÍ

A veces pienso en la tarde vacía,
cuando el tiempo me llamaba de lejos
y las voces que fueron mi melodía
se quedaron en las sombras de mis espejos.
Caminé entre la sonrisa y la desdicha,
y un frío que no se quita me acecha.

Hoy la soledad se pasea entre mis huesos,
como un perro que nunca me olvida,
y cada cara que me cruzo, un reflejo
de la gente que se fue sin despedida.
Tanta gente que viene y se pierde,
y el sonar de mi nombre siempre muerde.

No quiero ser el olvido entre los días,
ni la sombra que se pierde en el abismo,
pero veo cómo el mundo gira y se enfría,
como una canción que pierde su ritmo.
Y aunque grite mi nombre a las estrellas,
sé que no habrá quien recuerde mi huella.

Es extraño saber que el amor se esfuma,
y que las penas se clavan en la piel,
que al final, tras la risa como la espuma,
todo se apaga y se olvida como un laurel.
Quisiera ser el olvido de alguien más,

pero temo que nadie me quiera jamás.
Hoy me arrastro entre los días que se alejan,
como un sol que ya no sabe dónde brilla,
y la pena me envuelve y me deja,
como el cigarro que se apaga y no brilla.
Mi alma se pierde entre tantas mentiras,
y temo que nadie me recuerde en sus vidas.

Si algún día alguien me nombra en su canto,
que sea por las huellas que dejé al pasar,
por las noches de amor y por tanto encanto,
por los besos robados en el último bar.
Porque la pena que me ahoga no es mía,
es la de saber que nadie me recuerda al final.

HIJO, SIÉNTATE UN MOMENTO

Hijo, ahora escucha muy atento.
Te contaré una historia hermosa,
de gendarmes y fascistas,
y muchachos con melenas,
con flequillo y con pancartas,
con canciones de los Beatles,
con jóvenes en minifalda,
y la lucha como estandarte.

Fue una guerra urbana loca,
de adoquines y de vino,
de ocupar la vieja Sorbona
con los sueños más divinos.
De cantarle al viento fuerte,
de gritar contra el horror,
de amargarle la vejez
a unos viejos dictadores.

Pero escúchame otra historia,
es más triste, te lo advierto,
la de un guerrillero con barba,
que mataron a traición.
Y su fusil quedó quieto,
nadie quiso alzarlo más,
y desde entonces el mundo
es mucho más sucio, más tenaz.

Tanta lucha, tanta herida,
tanto puño alzado en vano
y, al final, tras esa lucha,
nos rendimos, fue un fracaso.
Bajo los adoquines duros,
no hubo playa ni canción,
solo ruinas y más telarañas,
y un silencio sin perdón.

Ya no suena aquel *Al vent,*
ya no hay parias ni locura,
solo el tiempo que lo arrasa
y nos deja esta amargura.
Pero aún tiene que llover,
la plaza sigue muy sucia,
hay que barrer los escombros
por aquella causa justa.

Todo aquello quedó lejos,
como Sartre y Saint-Denis,
como aquel París rebelde,
¿qué nos queda por decir?
Aunque el mundo sigue igual,
con su cruel repetición,
mueren otros mismos rostros
con distinto pantalón.

Siguen bombas, hay más muros,
siguen los gritos de la nada,

siguen los muertos en Gaza,
como antes en Hanói.
Pero algo de esto aprendí
de aquel mayo que perdimos,
que, aunque todo se marchite,
nunca olvides lo que fuimos.

Hazlo con miedo

Si tienes miedo, hazlo con miedo,
no esperes que el valor te dé permiso,
el futuro no entiende de frenos,
ni de excusas, ni de hechizos.

El miedo es un monstruo que no se domestica,
y lo sabe el perro que te ladra a la oreja,
pero hay que mirarlo cara a cara,
que no te coma, y sin prisa, sin tregua.

Hazlo con miedo, aunque el alma tiemble,
aunque tus manos te fallen y el cuerpo vacile;
el miedo y el tiempo son viejos, pero rugen,
y el que se queda quieto el miedo lo extingue.

No hay valentía sin dudar un poco,
ni éxito sin esa sombra que lo persigue;
lo importante es dar el paso,
aunque el suelo se agriete y la luna te olvide.

Así que hazlo, aunque tiemble el mundo,
aunque las voces te digan que no;
hazlo con miedo, pero hazlo,
que el que nunca arriesga no cosecha el sol.

LOS LATIDOS DEL TIEMPO

Los latidos del tiempo suenan en la brisa,
como un viejo saxofón que nunca se apaga,
cada segundo es un trago de dulce prisa,
un recuerdo en la piel que el alma despliega.
Las horas son amantes que juegan a escondidas,
y en su danza voraz las sombras se enfangan.

Caminamos por calles que guardan historias,
bajo luces que parpadean, testigos del ayer.
Cada risa, un recordatorio; cada adiós, memorias;
los sueños se cruzan con el destino a tejer.
En el café de la vida, un sorbo amargo,
los latidos nos gritan que el tiempo no muerde.

En el reloj de arena caen los recuerdos,
cada grano es un instante que se deshace,
con los latidos del tiempo se graban secretos
en la piel, y las memorias dejan su trance.
Las horas se deslizan, como río en movimiento,
y el eco de la vida nunca se hace ausente.

Caminos de nostalgia nos llevan al ayer,
la pena nos recuerda las sombras de amores,
cada latido un lamento que vuelve a renacer
bajo cielos de estrellas, en noches de dolores.

El tiempo es un artista que pinta en silencio,
las historias que guardamos son nuestro refugio.

Las estaciones giran, en un baile sin fin,
los inviernos de frío nos enseñan a amar,
mientras las primaveras brotan en cada jazmín,
los latidos nos marcan, no se pueden parar.
Cada paso que damos es parte del juego,
un compás que revive, un viejo y sabio fuego.

En los ojos del niño brilla el futuro,
sus sueños van buscando un tiempo infinito,
mientras el anciano guarda en su lamento
las lecciones del mundo, de lo que ha vivido.
Así, entre risas y lágrimas, se construye,
la trama del tiempo que nunca florece.

Las arrugas son mapas de un viaje sin fin,
donde el amor desaparece en un viejo poema;
cada lágrima caída es un verso sutil,
y el rayo de esperanza, un faro en la pena.
Los días se deslizan como ríos furtivos,
y el reloj nos recuerda que todo se acaba.

Los latidos del tiempo son besos robados,
el llanto del amante que nunca se olvida,
de las promesas y de los abrazos sellados,
bailando en el aire, buscando la vida.

Así, entre suspiros y risas, seguimos,
marcando el compás de lo que nos une.

ME SOBRAN DÍAS

Me sobran días para hacerme mayor,
para aprender a callar cuando grita el corazón,
para decir «te quiero» sin que se me note el error
de no saber si amar es más que una canción.

Me sobran días para perder el rumbo,
para darme cuenta tarde de lo que no entendí,
para robarle horas al tiempo y al mundo
y andar por ahí, buscando un porvenir.

Me sobran noches para seguir soñando
con un mundo que ya no me entiende,
y aunque el futuro se me esté escapando,
aún el pasado en mi mente se extiende.

Me sobran días para olvidarme de mí,
para echar raíces donde nadie las pide,
para fumar el aire que a veces no sé respirar
y reírme de los años que me quieren dejar.

Me sobran días para entender que el camino
no es más corto por correr hacia el final,
y que la vida tiene menos sentido
cuando te asomas al abismo y no sabes mirar.

Pero me faltan días para dejar de ser
un niño viejo que juega a ser adulto,
para entender que la eternidad está en el ayer
y que el mañana solo es un truco absoluto.

Me sobran días, sí, para hacerme mayor,
pero hay algo que no quiero, perder el sabor
de los días en los que el alma aún baila,
como si el tiempo no existiera y nunca me alcanzara.

Medir un casi

Es difícil medir un casi,
como contar lo que no llega,
como el eco de un suspiro
que se escapa en la niebla.

Casi nada, casi mucho,
un café que sabe a despedida,
un «te quiero» a medio decir
que se escurre en la vida.

Casi todo lo que perdemos
es tan pequeño y tan enorme,
un olvido que nos pesa
como un cielo sin nombre.

Es casi como cuando arde
un recuerdo y se apaga al instante,
casi un beso que se queda
en la frontera del amante.

Un casi es como una luna
que nunca toca el mar,
y nos mira desde lejos
sin poder hacerse real.

Es difícil medir un casi,
como pesarlo con las manos,
pero nos queda la certeza
de que lo casi siempre duele,
y nos salva, sin embargo,
de amar a pleno, sin frenos.

LA TERCERA LÁPIDA

Cuando nadie recuerde tu nombre, papá.

Fuiste abuelo, y antes padre,
y antes niño, con tierra en los dedos,
con zapatos heredados del hambre
y promesas guardadas en credos.

Le escribías al mundo en silencio,
con tu letra torcida, borrosa y azul,
le rezabas a los dioses cansados
que vivían detrás de un baúl.

Con tu espalda de mapa arrugado
levantaste una casa sin planos,
una mesa, seis hijos, dos sueños
y un reloj que marcaba tus manos.

Contaste batallas sin guerra,
despertaste al amor sin saberlo,
te rompiste los dientes en la vida
trabajando sin red y sin relevo.

Pero un día la sangre se enfría
cuando olvida tu sangre, tu voz.
No hay cadáver más solo en la tierra
que el que vive sin su último adiós.

La primera generación te llora,
la segunda aún brinda por ti,
pero llega la tercera en la historia
y ese día, sin saberlo, te empiezas a ir.

Porque nadie pronuncia tu nombre,
ya nadie dice «esto era de él»,
porque yacen tus fotos de boda
bajo el polvo y debajo de aquel
cajón lleno de esas cosas inútiles
que alguno de tus nietos quizás tirará.

Y en su gesto, sin culpa ni drama,
serás sombra, silencio y quizás…
una fecha ilegible en un mármol,
una línea en un libro sin un fin,
un archivo que nadie abre nunca,
una grieta imposible en un film.

No hay memoria que dure cien años,
ni un legado que se salve del mar
del olvido, que surja despacio,
sin hacer mucho ruido al llegar.

Y morir, de verdad, es lo otro,
no es que cierren tu caja de pino,
es que un niño no sepa quién fuiste
cuando diga: «¿Y este quién era, papá?».

Esas risas tuyas, la furia, sudores,
una voz en la radio, un refrán.
Hoy no quedas ni en los cumpleaños,
ni en la historia que yo les contaba.

Pero así son los años, tan tercos,
tan modernos, tan llenos de sí,
que se comen sus propias raíces
para no recordar ni adónde ir.

Y aunque duela, quizás lo sabías,
que el olvido no pide perdón,
que la vida te aplaude de frente
y te borra después sin rencor.

Y si mueres tres veces, la última
no es con clavos, ni llanto, ni cruz,
es cuando arde tu historia en la bruma
y no deja ni un gramo de luz.

Pero hay muertes que matan con gloria,
y aunque nadie te nombre al pasar,
si viviste clavado en la historia,
nadie te puede volver a borrar.

MENTIRAS AL ESPEJO

Me inventé mil verdades de saldo,
con la sonrisa fingida y resaca,
me adorné con un traje prestado
y en a farsa bailé sin maraca.

Me juré que era un tipo decente,
que el amor no me daba de lado,
mientras tú, con los ojos ausentes,
descubrías que todo era un lodo.

Fui el mejor embustero de turno,
me creí mi papel, y mi guioncito,
me aplaudí desde el fondo del pozo,
me comí mi mentira en un grito.

Pero, ay, lo más jodido del juego
no es timarte, ni herirte, ni irme,
es que anduve tan ciego, tan ciego,
que olvidé que también pude herirme.

Y aprendí que el que miente por hábito
termina por creerse su cuento,
que el dolor no perdona al simpático,
y el perdón no se compra con llanto.

MI DESPEDIDA

Que no haya llantos ni palabras tristes,
ni discursos baratos, ni aplausos fingidos,
que me recuerden con alegría y mis chistes,
por mis risas, y me perdonen mis pecados.
Que no hablen de mi alma ni de mi destino,
solo de un hombre que vivió como pudo.

Cuando se apague la luz, quiero que quede
el sonar de una canción en cada esquina,
que no me lloren, ni se arrodillen, ni rueguen,
que sigan la fiesta, porque la muerte camina.
No quiero ser ni mito, ni héroe, ni ángel,
que me olviden un rato, pero sin mañas.

No necesito que la gente se entristezca,
ni que el sermón me lleve hasta el cielo.
Si alguien me quiere, que no lo exprese,
solo con un trago, con un buen desvelo.
Que no digan que fui bueno, que fui santo,
solo que estuve vivo y me comí el encanto.

No quiero rosas, ni Cristos, ni oraciones,
ni lágrimas que empañen mi despedida,
quiero que piensen en mis transgresiones,
y que rían de todo lo que hice a mi manera.
No quiero que me eleven al olimpo,

ni me pinten como quien fue un diablo.
Mi último día, ¿qué será? Quién sabe…
Que no me nombren ni en los altares,
que el viento se lleve mis palabras graves,
y que la vida siga sin parar en los bares.
Que me recuerden solo cuando brinden,
pero que no me nombren en las penas.

Que nadie me llame héroe ni mártir,
cuando se caiga el telón de mi fin,
que sea un recuerdo breve, sin el ardid
de hablar de mí como si fuera un ladino.
Que se queden con mi voz, mi alegría,
que no me lloren, que solo sigan en la travesía.

No hay excusas

No encuentro palabras, ni en verso ni en prosa,
para hablar de tu risa vendida en subasta,
de aquel «para siempre» que murió en la fosa
común de los besos que nadie rescata.

Jugamos al póker con reglas de alcohol,
tú hacías trampitas, yo me hacía de tonto,
los lunes dolían más que el *rock and roll*
que cantan los sueños cuando caen pronto.

Brindamos con *whisky* de culpa barata,
jurando que el tiempo nos daba la razón;
en vez de un «te quiero», dejé en tu alborada
un «lo siento» envuelto en una canción.

¡Qué error más bonito, tan lleno de estilo!
Que hicimos poema lo que era un tropiezo,
y ahora en mi cama se cuela en sigilo
un gato que sabe que sobra en el lecho.

Tus ojos decían lo que tu wasap no,
mi voz tartamuda, tu piel en huelga,
los dos confundimos pasión con *show*
y el alma, al final, se nos fue de juerga.

Ya ves, sin palabras, sin rumbo, sin fe,
sin más argumento que el de una oferta,
la historia se escribe con lo que no fue
y un brindis por nadie al cerrar la puerta.

Elegía a gene, mi hermana

Gene, la que en cada gesto ternura dejaba,
la que con un beso de amor te abrazaba,
y sus manos de caricia que todo aliviaba,
la pequeña de figura que el alma alzaba.
Era grande tu querer, y no se acababa,
como río desbordado que todo inundaba.

Cinco hermanos te adoraban, tú los cuidabas,
como madre entre los tuyos, no te cansabas.
De niñera llevabas la huella que asombraba,
en los genes lo traías, y así lo mostrabas.
Fue un acierto tu nombre, nadie lo pensaba,
Generosa, la que el alma entera entregaba.

Tu nombre fue un presagio y tu destino,
Generosa en el alma y en la entrega,
como un farol de amor en el camino,
que a todos nos abrigaba y nos sosegaba.
Tan pequeña de cuerpo, pero inmensa,
tan grande que tu luz aún nos alcanza.

Con tus manos que tejían la ternura
y el tiempo que a los otros regalabas,
formaste hogar con cada mano pura,
y a cada hermano tuyo abrazabas.

No hubo día sin dar ni sin velarnos,
fuiste un lazo de amor todos los años.

Con Estefanía fuiste un abrigo,
le diste lo mejor, no hubo escatimo,
pero no te lo dijimos, estás conmigo
en cada gesto del que solías darnos.
Te quiso como madre, y aún te añora,
tu amor dejó raíces y aún te llora.

Y Javier, tu niño, tu reflejo y tu alegría,
te lleva aún por dentro en su latido,
y en Astrid, ve en sus ojos la alegría,
albergada en el tiempo que no ha perdido.
No llegaste a abrazarla, pero vive,
con ese amor que nunca se despide.

No estuve en ese último momento,
y me duele como un frío que no cesa,
quisiera haberte dado el firmamento,
el abrazo del mundo y su grandeza.
Perdón por no estar cerca en tu partida,
pero en mi alma estás, lo que queda de vida.

Tu nombre escrito está en la memoria,
en la risa que sembraste cada día,
en tus sobrinos, que con tus manos de gloria
descubrieron el arte dulce de la euforia.

Niñera de los sueños y los juegos,
nos diste el paraíso con tus anhelos.

Gene, hermana, amiga, luz y canto,
no hay muerte que te borre de mis entrañas.
Serás voz que susurra como un manto,
serás el sol del alma que nunca engaña.
Te juro por lo poco que me queda de vida,
cuidaré a los tuyos, como si tú lo hicieras.

Descansa, entre lirios, donde el sol alumbra,
donde el tiempo ya no duele ni el alma llora.
Serás siempre Generosa, cómo se notaba,
¡cómo tu amor fluía y a los más cercanos tocaba!
Con tus genes de ternura que el cielo envidiaba,
fuiste madre de los tuyos y, más que eso, ¡alma!

LOS CUERVOS DE CIUDAD

En los altos rascacielos del asfalto se agitan
los cuervos de ciudad con chaqueta y corbata,
se burlan del sol, pues ya nada los limita,
y las chicas de cantina, con sus risas calladas,
se encierran en jaulas donde el sueño se agita,
como palomas blancas atadas en sus jaulas.

El dinero no canta, solo silba a lo lejos,
ellos apuran de un sorbo el vino de una copa,
se alimentan de miedo y se ciegan con espejos,
mientras a las jóvenes las embriagan con ropa,
y las manos callosas de los viejos obreros,
sin saber que su ideal los convierte en tropa.

El reloj marca la hora en que todo se olvida,
mientras el cuervo en su alcoba respira en calma,
la miseria se compra, y la vida se derrama,
la verdad se ahoga en un pozo de palmas.
Pero las palomas caen, sin fuerza, sin herida,
y los cuervos de ciudad disfrutan de su pena.

Son amos de un poco y señores de la nada,
con sus gritos en alto, pero vacíos de voz,
se hacen dueños del aire, de la tierra y la mirada,
y la gente en la calle, al final, pierde su arroz.
Mientras el mundo arde, la copa está colmada,

y los obreros siguen trabajando como dos.
Las palomas del sueño se posan en sus mentes,
de plumas marchitas, de dorados soles rotos,
y cada grito fuerte en sus oídos es ausente,
pues las chicas atrapadas ya se sientan en potros.
La gloria del cuervo brilla en sus dientes,
pero la jaula se cierra con llaves y otros votos.

Cuentan historias viejas, pero nadie los cree,
se creen intocables, como dioses del viento,
pero la verdad, como el río subterráneo, no se ve,
y los obreros siguen sin saber lo que es cierto.
Las palomas caen y el cuervo también muere,
quedan solos en su mundo, al borde del tormento.

Dos guerras

En el oscuro rincón de un bar perdido,
donde el humo es el rey, y el alma un olvido,
un cobarde me dijo, entre risas y tragos,
que un valiente no vale ni para dar abrazos.

Dos guerras, me dijo, y aún no he empezado,
mi valentía se quedó atrás en el pasado,
soy el que huye cuando la luna se pone,
el que calla cuando el corazón se expone.

Dicen que hay héroes que mueren por la gloria,
pero el cobarde nunca cuenta la historia
que se esconde en la sombra de su interior,
y en sus manos solo hay estampas del horror.

Siempre, dijo, un cobarde vale para dos guerras,
sin miedo, con sus ojos cortantes como sierras,
donde nunca florecieron las rosas del valor,
pero sí crecieron los oscuros miedos del temor.

Y yo, claro que lo creí, en ese rincón tan frío,
porque el coraje también se compra, y a buen precio,
pero aquí seguimos, y el mundo dando su vuelta,
para que el cobarde, por fin, nunca tenga vergüenza.

MI VIDA

La vida es tan corta y el arte de vivir tan tramposo,
que cuando uno sabe fingir bien, ¡pum!, te caes al pozo.
La vida es breve, es muy corta, y amar parece eterno,
pero dura lo que un te quiero, dicho sin mirar de frente.

Yo nunca fui un santo, creo, ni me esforcé demasiado,
y me dan alergia los que presumen de haber pecado.
La vida es tan corta y el oficio de vivir es tan ingrato,
que cuando uno aprende a perder, no le dan un aplauso.

La vida es una herida absurda, dijo un franciscano,
y yo quería ser un cura, hasta que probé el vino.
La vida es un obsequio, sin tique y sin envoltorio,
no es un placer, es un drama, y te quita la razón.

Y ahora que voy por el último brindis de mi camino,
pude ver que hasta los maestros copiaban de los libros.
La vida es tan corta, y amar parece un gran maratón,
que dura lo que dura un beso, si no suena una canción.

Cuando era joven, confirmó que no tenía más bandera
que un precioso pañuelo robado en una lavandería.
Luchaba y creía en la revolución, la poesía y el *rock*
y, al final, terminé en la fila del súper con un *snack*.

De joven me emborrachaba con la luz de la mañana;
ahora, con la factura del gas ya se me pasan las ganas.
Jamás fui amante en las películas, ni galán de una novela;
mis novias decían: «Eres un poema, sin rima y sin escuela».

Cuando era joven, todo lo mucho me parecía poco,
nunca fui valiente, pero el ridículo lo hice a lo loco.
Un día el diablo me dijo «vente», y me fui sin pensar,
aunque solo era para firmar un contrato laboral.

Siempre procuré viajar solo, sin brújula ni maletas,
y ahora, cuando salgo, me llevo hasta las recetas.
Y muchas veces sueño que sigo siendo aquel,
pero cuando despierto, estoy tomando un café.

Ahora que soy tan viejo como el sol de los lunes,
me enredo con cualquier falda que huela a costumbre.
Me acuesto con la luna, por pura nostalgia o por vicio,
y amanezco con dolor, y una tortícolis en el cuello.

De joven pensaba que podía cambiar el mundo,
y ahora pierdo las llaves de mi casa, y me hundo.
Quería fingir ser el primer trago de un bohemio,
y terminé siendo el último brindis del tío del medio.

Juraba y perjuraba que el *rock* sería mi única religión,
y terminé rezando para que el wifi no se apagase.
Nunca pensé en envejecer, y procuré no decir adiós,
ahora me agacho y pienso: «¿Estaba tan bajo el suelo antes?».

De joven creía en la paz, en la justicia, en la utopía,
ahora solo pido que, por favor, el vecino baje la música.
Tenía fe y muchas contradicciones, pero cero facturas,
ahora tengo menos fe y una gran hipoteca de dudas.

Los espejos siempre eran amigos, ahora son fiscalías,
me acusan de envejecer con premeditación y alevosía.
Cada nueva arruga es como un borrón nuevo del pasado,
perder la visión, y las canas, una notificación del tiempo.

Entre el tiempo y el espejo procuro jugar al escondite,
siendo un viejo disfrazado de joven en un TikTok triste.
Con mi voz grave y baja, con mis versos y mi despecho,
trato de hacer un retrato de mi vida, para no salir borroso.

Tan joven y tan viejo, viejo o joven, pues ya no distingo,
si ardo por dentro, o es el reflujo que me está subiendo.
Poeta a medias y triste, intentando no incendiar la calma
que abraza con fuerzas el pasado, haciéndolo sin drama.

Con cada verso construyo mis risas y mis desengaños,
contándome las penas, como quien cobra un peaje.
Canto al amor, al deseo, a la vida, a lo prohibido,
pero sin olvidar de dejar de mirar el recibo de luz.

Con la muerte en los talones y el alma de rebajas,
esquivo a los espejos como si fueran emboscadas.
Con una vida a cuestas y muchas canciones al viento,
seduzco a las chicas del puerto, si me hacen descuento.

Con el corazón, creo que entero, pero a medio uso,
busco entre otros viejos los fuegos que no rehúso.
Con la noche por bandera y la risa como escudo,
escapo de un mundo que ya no espera ni lo absurdo.

Me despierto cada día, preguntándome, sin pudor:
«Pero ¿qué coño hice con mi primavera, por favor?».
Y si me muero, quiero que sea con las botas puestas,
con un verso mal escrito entre los dientes y las apuestas.

Tan joven y tan viejo, que ya no me cabe en el pecho
el corazón mal alquilado por un par de alas sin techo.
Mis manos son delgadas y pequeñas, pero con ellas firmo
cada palabra de mi amor breve y cada error de mi destino.

Me puedo pasar de copas, pero no de intenciones,
y no quiero dormirme sin verte reír a montones.
Mis ojos están cansados, pero aún puedo fisgonear,
pedir un beso tuyo, como si fuera la escena de novela.

Mis pasos son lentos, y mis sueños no tienen freno,
y con cada paso que doy, una excusa para el veneno.
Mis palabras son muy simples, y a veces idiotas,
pero aún se desnudan más que ciertas derrotas.

Tan joven y tan viejo, pero sin miedo a perder,
una nueva sensación, de otra forma de renacer.
Mis cicatrices ya no duelen, y solo se cuentan,
que vivir fue todo un desmadre, pero valió la pena.

LOS HALAGOS

Me llaman genio justo antes
de afilarme la cuchilla,
me ofrecen flores tan galantes
que huelen más a azufre que a pena.
Si me elogian, cruzo los dedos,
hay cuchillos tras esos ruedos.

Me invitan a brindar por todo,
me guiñan con sonrisa falsa,
mientras me ven, a modo gallego,
la poca fe en su copa de mostaza.
Sí, hay algún aplauso sin motivo,
ya presiento el final del fugitivo.

Te pintan como un gran artista,
te solicitan odas por encargo,
y mientras besan tu autopista,
le venden mapas al embargo.
No hay halago sin retorcerlo,
ni un aplauso sin un divorcio.

Dicen «maestro» al que condenan,
«crack» al que van a crucificar,
y «único» al que sacrifican
con una risa por detrás.

¡Qué habilidad de las hienas
para elogiar con cadenas!

Te suben al altar del olimpo,
te rezan como a san Judas,
y al primer soplo de mal viento,
te dejan solo y con dudas.
Al final, todo es teatro,
hay ovación… y luego al rastro.

Por eso huyo de adulaciones,
me quedo con la gente honesta,
la que no lanza bendiciones
para firmar después la apuesta.
Si me quieres, no me aplaudas,
mejor quiéreme sin pausas.

MI CARTA DE ADIÓS

Mi cielo de papel,
mi vaso de alcohol,
mi brújula rota
y un par de promesas perdidas.

Mi risa de sol,
mi sombra de dolor,
un cigarro, una pena
y mil despedidas.

Mi marca en la piel,
mi verso, más fiel
compañero de noches
que olvidan la madrugada.

Mi tiempo de hoy,
mi fe en el ayer,
y esas huellas gastadas
que nunca me dejaron nada.

Mi calle vacía,
mi pena cumplida,
el canto del viento
en las horas calladas.

Mi juego de azar,
mi temor a amar,
las cartas que mienten
y las manos vacías.

Mi fuga, mi pie,
mi cuenta pendiente,
y ese barco hundido
en el puerto del olvido.

Mi voz que no ve,
mi camino de sed,
una estrella fugaz
y un amor perdido.

Mi canto, mi fin,
mi secreto ruin,
mi alma, mi error
y un sueño de papel.

Mi carta, mi adiós,
mi rastro, mi voz
y la nada que queda
al final de un atardecer cruel.

Me duermo en los entierros

Me duermo en los entierros de los viejos,
con la misma cara que tenían hace años,
mientras el ataúd se hace hueco a lo lejos
y la vida se marcha entre sudores y daños.
Nos vamos quedando sin tiempo y sin reflejos,
y yo me duermo, que la muerte no hace daños.

Hoy vi a un amigo bajo el frío sudario,
no tenía arrugas, ni una pizca de miedo,
el mismo rostro de cuando bailaba en el barrio,
pero el reloj se clava, y el cuerpo se queda quedo.
Los recuerdos ya son solo un dulce relicario,
y yo me duermo, que el reloj marca el juego.

Me miro al espejo y veo los mismos ojos
de aquellos que ya no dan ni un paso al día,
el aire se vuelve pesado, y yo me sonrojo,
pensando en que el tiempo no perdona la agonía.
La juventud se fue entre sombras, y ahora, flojo,
yo me duermo, que la muerte no tenga prisa.

Los amigos del alma se fueron muy despacio,
quedaron sus risas en algún rincón del alma;
en el camposanto, todos los que hemos pasado
son los mismos fantasmas que acallan la palma.

La muerte se ríe, nos deja los huesos calados,
y yo me duermo, que la paz ya no me alarma.

No me asusta el fin, sino el hecho de vernos
tan jóvenes y muertos bajo el mismo sol,
sin haber tocado ni un poco de inviernos,
como si la vida fuera solo un control.
Entre los muertos, veo a mis compañeros,
y yo me duermo, que el sueño no es dolor.

Quizás el futuro ya no existe para algunos,
o tal vez es solo un truco del destino;
en los entierros no hay llantos, ni murmullos,
solo el pasar de un tiempo que se fue divino.
Los jóvenes muertos siguen siendo unos,
y yo me duermo, que el sueño es mi camino.

Entre las cruces veo mis propios pasos,
y me pregunto si somos polvo o sombra.
Me duermo en los entierros, como entre abrazos,
y espero en silencio que el reloj sea sombra.
Hoy los vivos estamos todos olvidados,
y yo me duermo, que al final todo asombra.

No supe cómo odiar

Jamás aprendí a cultivar rencores,
ni a regarlos con rabia de madrugada,
ni a podar los recuerdos de sus flores,
sin cortarme la piel con la mirada.

Me sobraban razones, es verdad,
pero me faltaban las instrucciones.
¿Cómo se entierra un grito en soledad
sin que te broten versos por rincones?

A otros los vi sembrar el desconsuelo
como si fuera trigo de su estación,
con manos que rezaban al revuelo
de una canción sin más redención.

Yo, en cambio, me quedaba en los andenes,
esperando trenes que no eran míos,
leyendo cartas rotas con vaivenes
de unos calendarios llenos pero vacíos.

Me dijeron que odiar era cuestión
de tiempo, de coraje, de coraza,
pero nunca encontré en mi corazón
un terreno tan seco dentro de mi casa.

Intenté, lo juro, odiarte de frente,
poniendo tu fantasma en mi espejo,
conjurando tu risa dulcemente
como quien se despide de un consejo.

Pero no me salió. ¡Qué se le va a hacer!
Mi alma tiene goteras de clemencia,
y si algo no me deja envejecer
es guardar tu perfume en mi conciencia.

Probé con *whisky*, rabia y carcajadas,
de esas que suenan más a funeral,
pero acabé brindando las madrugadas
por lo que fuimos, sin querer, da igual.

Nunca supe sembrar ni un odio chico,
me crecen amapolas en el insulto,
y en vez de venganza, dejo un pósit:
«Te extraño, aunque no te culpo».

El odio es una ciencia que requiere
más cálculo que amor o poesía,
y yo tengo la brújula en las series,
donde el villano llora todavía.

Si odiar es apretar fuerte los dientes,
yo sigo recordando con la lengua.
Hay besos que resucitan a dementes,
aunque la historia ya no se sostenga.

Así que no, no supe cómo hacerlo,
no planté tu desprecio ni tu engaño.
Y me da por regar lo que no muere,
y acariciar lo triste del mal daño.

Odiarte, amor, sería desterrarte,
es el único rincón que no clausuro.
Esa esquina de mí donde esperarte
todavía me salva de mi futuro.

ÉXITO SIN BILLETES

No tengo yates ni cuentas en Suiza,
ni Rolex que marquen la hora exacta.
Pero en mi casa nunca falta la sonrisa,
ni abrazos que curen cualquier fractura.

No firmo contratos con letras doradas,
ni me aplauden en alfombras rojas.
Pero en la mesa, la cena está servida,
y el amor se sirve en platos de porcelana.

El mundo me llama fracasado,
y yo les sonrío desde mi rincón.
Porque el éxito es un espejismo dorado,
y tengo lo que necesito, mi propio sol.

Solo brindaré con vino de cartón,
y cantaré con voz rasgada y sincera.
Ya que el verdadero tesoro es el corazón,
y toda mi familia es mi propia bandera.

SENCILLAMENTE, TUYO

No firmé con la luna un contrato de amores,
ni pedí a los relojes que marchen despacio,
pero tú te colaste entre todos mis errores,
como un verso insolente en mitad del prefacio.

No soy bueno en tratos, ni fiel a promesas,
ni siquiera a las mías, que ya es decir poco,
pero arrastro tu nombre por bares y mesas,
como un vino barato que sabe a sofoco.

Sencillamente tuyo, sin cláusulas, nena,
sin candados de oro, ni santos de escarcha,
con los celos a cuestas, la culpa y la pena,
y esta absurda costumbre de no ver mi marcha.

No preguntes por qué me rendí sin defensa,
ni qué diablos me viste con pinta de cuerdo,
fue tu risa enredándome como una ofensa,
ese modo de odiarme que adoro y que muerdo.

Soy el verbo cansado de tantas canciones,
la resaca sin brindis, el brindis sin copa,
el bufón que se esconde tras las confesiones,
el poeta sin musa, tu sombra en la ropa.

Y, aun así, sin firmarte papeles ni bodas,
ni jurarte un futuro que no sé si existe,
te regalo mis lunes, mis dudas, mis modas,
y ese modo suicida en que el alma resiste.

Pero al fin de la derrota, con todos mis fallos,
sin más credenciales que un par de pecados,
soy, no sé si es bastante, tu sombra en los rayos,
sencillamente, tuyo… sin ser propiedad de nadie.

SOS SIN RESPUESTA

Pedí auxilio al filo de un martes,
con voz cazallera y pulmón de desvelo,
colgué mi pena en diez mil estandartes,
y no bajó nadie para ayudarme del cielo.

Le grité al portero, al cura, al vecino,
al loco que habla con gatos en la plaza,
me contestó solo el trino de un pájaro,
y una señora con una sonrisa barata.

Escribí «socorro» en la puerta del metro,
con un pintalabios robado a la luna,
mientras me sangraba un verso discreto
que nadie se atrevió a darle lectura.

Le recé a san Judas, me reí de Marx,
llamé a emergencias, a un bar, a mi ex…
Y en cada uno de ellos, la misma señal:
«El número marcado no existe, *next*».

La ciudad dormía sin sueños ni culpa;
yo, tirado en un charco sin nombre,
viendo pasar ambulancias con una disculpa,
que no frenan si tú no eres el «hombre».

Nadie escuchó mi disparo de tinta,
ni el SOS bailando por los andenes,
porque el mundo, mi amor, no se pinta
de rojo, para no tener penas ajenas.

Así que brindé por mi propio fracaso,
con un vino barato y tabaco vencido,
y en vez de morir, cambié de lenguaje,
ahora solo hablo con mi personaje.

MI SOMBRA SE FUE

Una noche de oscuridad, sin luna ni abrigo,
mi sombra, cansada, se hartó de ir conmigo,
bebió un par de tragos de luz en el suelo
y dijo: «No espero, me largo, te olvido».

Caminó decidida, sin echar atrás un ojo,
como ex que no quiere verte y con enojo,
dejándome a solas con mi mala suerte
en un taxi sin frenos, peleando con la muerte.

Andaba perdiendo como los dedos la arena,
jugando a olvidarme con mujeres ajenas,
cantando en tugurios, vendiendo mi alma
por versos malditos y alcohol en mis venas.

Mi sombra era sabia, no quiso enredarse,
con todos los errores que supo ganarme.
Yo sigo aquí arrastrando resacas y deudas,
y ella se fue bailando con luces desnudas.

Y ahora, a veces me la cruzo en la esquina
con pinta de musa, con una risa asesina,
me guiña el pasado, se burla del presente,
y yo la sigo, y la persigo, torpe y disidente.

«Miguel» para sus hijos

Estefanía, Miguel, Paula, y Antonio

A los cuatro, bajo el cielo,
os explico con voz sincera
que cada letra lleva un desvelo,
un suspiro, una espera.

«M» de maestro, es mi papel,
siempre enseñando, pero fuerte.
Con cada palabra que en mi piel
quedó grabada, siempre firme.

Para que aprendáis a ser grandes
y a no temer al viento.
Mi herencia es la de luchadores,
hombres y mujeres en proyecto.

«I» de intenso, con el cariño
que os guardo en cada suspiro.
A veces me pesa, mas siempre sé
que es todo amor lo que os lanzo.

Con cada mirada un pacto,
con cada abrazo una fuente,
que mi alma nunca incumplió,
y con mi corazón os doy paz y fe.

«G» de gratitud por vuestro ser,
por el regalo de cada día,
por el sol que me deja ver
que la vida es pura poesía.

Con vosotros no hay miedo,
solo un alma llena de luz,
por eso os doy este beso,
¡que agradezco hasta la cruz!

«U» de unión, que nos une hasta el fin,
sin importar lo que pase.
Aunque el tiempo nos arrebate el botín,
siempre habrá un lazo que nos enlace.

Estefanía, Miguel, Paula y Antonio,
cada uno en vuestro propio rincón.
Pero juntos somos el refugio,
el faro, el amor, la razón.

«E» de empeño, en cada paso,
a cada lucha que nos enfrentamos,
para que en vuestras vidas no haya acaso
solo el logro de lo que hemos sembrado.

Que nunca os deis por vencidos,
que persigáis vuestra propia verdad.
Que en cada lucha y en cada herida
sepáis que el esfuerzo no se da por nada.

«L» de lucha, siempre de pie, seguros,
con las manos levantadas al cielo.
Porque allí se forjan los sueños,
con cada lágrima y en cada desvelo.

Nunca dudéis, mis queridos hijos,
que cada lucha es una victoria.
Por vosotros vale la pena el sacrificio
y con vosotros se escribe mi historia.

HALAGO CON PUÑAL

Me dijeron «valiente» con la copa en la mano
y al rato, en la sombra, me vendían sin honor.
Me firmaron un canto con tinta de hermano,
y al reverso escondían todo su peor rencor.

Me aplauden de frente, con dientes de oro,
y al darme la vuelta, con saña me clavan su ley.
Les brillan las palmas… ¡Qué fuego sonoro!
Pero queman la espalda del que les cree rey.

No hay halago sin trampa, ni beso sin huella,
ni un brindis sincero sin doble intención.
Las caricias del mundo son luces tan bellas
que ciegan al pobre de buen corazón.

Yo aprendí que los lunes se fingen abrazos,
que los jueves se rompen promesas de ayer,
y que el ego es un tango que bailan los falsos
con botas de lodo y un perfume francés.

Así que no esperes que compre tu verso,
ni el canto embustero de tu admiración.
Prefiero un insulto, directo y perverso,
que un piropo que esconda una traición.

Morirse es un problema
(si no lo sabes)

Me dijeron que hay paz en la tumba,
que el silencio allá abajo no duele,
pero a mí me da fiebre en la nuca
pensar que me entierren sin verle
la última mueca final a mi gente.

Yo no quiero morir un domingo,
ni en mitad de un partido aburrido,
ni en un bar donde el vino esté frío,
ni con saldo en la cuenta del olvido,
ni el paraguas guardado en el cajón.

Morirse es un lío, un marrón sin remedio,
si aún te quedan poemas que hacer,
si la chica que besas no sabe tu nombre,
y la puerta de escape se resiste a romper.

Morirse es un crimen sin firma ni autor,
un adiós sin brindar ni mirar el tiempo,
es perder el último tren del deseo,
cuando aún no aprendiste a decirle que no.

Me niego a marcharme sin rima,
sin dejar una deuda, sin pagar,

sin robarle a la vida otra esquina,
sin ganar al azar una vez más.
Que me esperen sentados, que igual no me voy,
que aún tengo un pecado por cometer hoy.

AMOR SIN COMPLEJOS

Nos vimos por casualidad, como siempre,
en un bar sin estrellas, entre humo y ruido;
tú buscabas un beso y yo un par de trenes,
que me llevaran lejos de lo que he sido.

Dijiste «te quiero» con voz de borracha,
como si el amor fuera un plato vacío;
yo lo creí, pero me lo guardo en la caja
de los sueños rotos, donde guardo lo mío.

Tú hablas de futuro, yo de amores muertos,
cada uno con su carga de viejos retratos,
pero en tu boca hay algo que se vuelve incierto,
como si las mentiras supieran a mojado.

Somos dos gatos perdidos en la misma esquina,
rehenes del tequila y del tiempo que pasa,
y tú, con esa sonrisa que al final se destina,
a salvarnos de la vida, como un vicio que abrasa.

Nos amamos a destiempo, en noches de infierno,
sin promesas ni ganas futuras, sin culpa ni pena;
el amor no es perfecto, pero al menos es tierno,
y lo que sobra lo tiro, lo inyecto en la vena.

Te vas y me dejas el recuerdo de tus besos,
y yo me quedo con la copa y el olvido,
sin reproches, sin rencores, sin excesos,
porque, al final, el amor es solo lo perdido.

¿CÓMO TE SIENTES?

Sí, hubo una vez que vestías muy bien,
tan delicada como la reina, dueña del sol,
disfrutando del lujo, del oro y el vaivén,
tirando un céntimo al vagabundo desde rol.
Todos te veían de la mano de la ambición,
pero el tiempo era tu ladrón en cada canción.

La gente te hablaba, avisándote, diciéndote al oído:
«Muñeca, seguro vas a caer, lo dicen los vientos».
Pensabas que era broma, que nada iba contigo,
pero ahora el aire te lleva a otros pensamientos.
Ya no caminas tan recta, ni hablas tan fuerte,
el camino se enreda y está más cerca la muerte.

Y sí, fuiste a los mejores colegios, querida,
te alimentaron de sueños, te enseñaron el arte,
pero de nada te sirvió en tu vida perdida
de los rincones oscuros que te llevan a otra parte.
Ese vagabundo, sí, el mismo que nunca te miró,
ahora te habla y te dice: «Amor, aquí te espero».

¿Cómo se siente estar sola, sin rumbo, sin paz?
¿Sin una casa, sin un lugar al que regresar?
¿Un extraño en la calle, vagando a la intemperie,
como una piedra rodando a la deriva por mil quereres?
¿Cómo se siente la caída de un reino de cristal,

cuando ya no hay fuerza, solo queda el mal?
Aquel campanario, un faro en tu mirada,
como la belleza, se fue, y la vida te hizo malvada,
pensaste que este juego era fácil de jugar,
y ahora esos anillos solo te sirven para empeñar.
Te reías de todo, sin saber cuál sería fin,
te llamaban en silencio, te pedían un festín.

Y hoy, la princesa ya no tiene su corona,
ni joyas para adornar, ni vidas que robar,
el vacío de tus ojos se refleja en tu cara,
y si quieres hacer un trato, no tienes nada que dar.
Ahora te mira el vagabundo, ve tu alma desnuda,
y ya no puedes negar tu derrota muda.

Este es tu retrato, como lo haría Sabina,
del lujo perdido y el desamparo que camina,
todo lo que brilla termina por opacarse,
y si no sabes perder, acabas por desvanecerte.
Lo que antes era realeza hoy se pierde en el viento,
y aquel vagabundo sigue sin más argumento.

¿Cómo se siente estar sola, sin rumbo, sin paz,
sin una casa, sin un lugar al que regresar?
¿Un extraño en la calle, vagando a la intemperie,
como una piedra rodando a la deriva por mil quereres?
¿Cómo se siente la caída de un reino de cristal,
cuando ya no hay fuerza, solo queda el mal?

El cantor

Había una vez un canario maravilloso
que cantaba con un trinar asombroso,
cuidado con amor y ternura por un niño
que lo tenía en su jaula con cariño.

El cariño del niño poco a poco se distanció,
las visitas se hicieron menos y él lo notó.
Con melancolía y agonía en su cantar,
el canario fue perdiendo su alegría sin cesar.

Cada vez que el canario cantaba con pasión,
no estaba en su hábitat, sino en una prisión.
Su agonía se reflejaba en su cantar,
anhelando la libertad y el vuelo al azar.

Hasta que un día tristemente falleció;
el niño, al verlo, lloró sin entender la razón.
Al canario de su jaula de madera sacó
con un llanto tremendo y un sofocón.

El niño lamentó la pérdida del cantor,
y empezó a llorar con gran dolor.
En su casa, donde había un soleado patio,
cavó una tumba cerca de un olivar legendario.

Allí descansaría el canario querido,
en un lugar especial lleno de amor y sentido.
El niño lloró su partida con gran pesar,
pero siempre recordaría su dulce trinar.

El romanticismo

En el amor me perdí, ¡qué desgracia!
Romanticismo y melancolía,
promesas falsas y pura utopía,
un juego absurdo, sin creencia.

Suspiros y poemas al viento,
palabras dulces, pero sin sustento,
enamoramientos de un momento,
ilusiones que se van sin aliento.

El corazón, un juguete roto,
amores efímeros, sin sentido,
prometiendo eternidad,
pero solo quedan lágrimas en el lodo.

Un engaño que nos vende una poesía,
un cuento de hadas que nunca se completa,
pero en realidad solo hay melancolía,
el romanticismo, una farsa terminada.

Con el tiempo gana el olvido

Sé que el tiempo es un ladrón callado,
que roba y no devuelve lo que toma,
y las promesas que hice, ya las he olvidado,
se disuelven como vino en la espuma.
Todo lo que creí eterno se desvanece,
y el olvido, con su sombra, me enloquece.

Hoy las calles se sienten tan lejanas,
como un abrazo perdido en la niebla,
y los besos que fueron nuestras madrugadas
se convierten en cenizas que se sueltan.
Sé que nada permanece más allá de un eco,
y el olvido va ganando, sin hacer ruido.

Me dice la noche que todo pasa,
que el amor y el dolor tienen fecha de caducidad,
que las caras que amé, con su dulce amenaza,
se borran en la memoria de la soledad.
Y aunque grite mi nombre al viento, en vano,
el olvido será mi compañero hermano.

Las cartas que escribí a tu nombre, olvidadas,
como las canciones que cantamos, ya lejanas,
el perfume que dejaste en mis almohadas,
se pierden en la distancia, como mil olas.
Sé que el tiempo es un río que arrastra lo que amamos,

y todo lo que toca se lo lleva sin que lo llamemos.
La juventud se escapa como una huida,
y los amigos se pierden con las horas,
las risas de antaño son ya fantasías,
y las promesas se olvidan como auroras.
Sé que al final todo se vuelve un suspiro,
y el olvido, ese viejo amante, se convierte en amigo.

No queda nada, salvo este rincón vacío,
donde aún guardo recuerdos que no quise perder,
pero sé que, al final, el tiempo ha sido el desafío
y, con él, el olvido ganó para no volver.
Así que dejo que se lleve lo que era mío,
porque sé que con el tiempo nada queda, todo se olvida.

NUNCA QUISE DESPEDIRME

Nunca quise despedirme de tu risa,
ni del roce sutil de tu mirada,
los días se desvanecen en la brisa,
dejando la voz que nunca se apaga,
cada paso que dimos, un laberinto,
un murmullo que el tiempo no ha vencido.

Nunca quise cerrar la puerta al viento,
dejar que la distancia nos dividiera,
los recuerdos son faroles en el intento
de hallar en la memoria lo que fuera.
Cada carta sin abrir, un golpe en el pecho,
un deseo de anclarme a lo que desecho.

Nunca quise olvidar la luz de tus ojos,
las promesas flotando entre la niebla,
en las noches de calma, entre anhelos rotos,
los sueños que tejimos como una tela.
La vida nos enseña a soltar lo amado,
pero en mi corazón siempre está guardado.

Nunca quise olvidar tu risa en la lluvia,
los momentos que ardieron como candela,
tus manos, un refugio, mi última musa,
aunque el tiempo nos cueste la aquiescencia,
la vida se aferra a lo que no se ve,

y el amor, aunque ausente, siempre regresa.
Nunca quise el silencio que duele hondo,
las palabras perdidas en el aire,
cada rayo de sol que viene del fondo
es un reflejo del tuyo que no se rompe.
Así, en cada rincón donde yo camino,
te busco entre las sombras, mi destino.

Nunca quise dejar huellas en la arena,
ni que el tiempo borrara lo compartido,
cada instante contigo, un verso en la vena,
un canto que resuena, siempre querido.
El adiós es un juego que nunca quise,
un truco del destino que no se rinde.

Nunca quise despedirme, solo quedarme,
con cada latido que aún me recuerda,
tus risas resuenan y vienen a buscarme,
una melodía que mi alma aún no cierra.
Y aunque el tiempo avance y nos separe,
te llevo conmigo, y jamás te dejaré.

No hago milagros

Me sobran pecados, me faltan rezos,
las vírgenes pasan de largo en mi cama,
confieso que a veces negocié los besos
y cambié esperanzas por noches sin calma.

Te juro que lo intento, que pongo los medios,
que a veces le rezo a un dios sin agenda,
pero el cielo me cierra sus tedios,
y el infierno me invita a su fiesta tremenda.

No pidas que cure lo que no se toca,
que vuelva el reloj a ese lunes perfecto,
no esperes un beso que busque tu boca,
ni que el calendario no cobre su efecto.

Yo no hago milagros, apenas resisto
las deudas del alma, las culpas del cuerpo,
y aunque a veces parezca un alquimista iluso,
mi magia no alcanza pa tanto misterio.

Si quieres un santo, te cambio por otra;
si quieres un loco, me ofrezco sin ropa,
pero no me pidas que te lleve a la luna,
si apenas mantengo un pie en la tierra.

Solo las golondrinas

Solo ellas, con alas de sombra y de brisa,
cruzan los muros callados del alba,
donde el silencio se enrosca en la risa
que ya no habita ni canta ni habla.

Vuelan en círculos, trazan la calma
sobre tejados heridos de ausencia,
y al rozar la luz con su leve alma,
rompen hechizos de vieja presencia.

Solo ellas, danzantes del viento,
vuelan bajo el alero en la tarde cansada,
tejiendo en el aire un vuelo lento
que limpia la pena, que ahuyenta la nada.

Ni rezos ni ruegos han sido escuchados,
ni el humo de incienso, ni el canto ritual,
pero vuelan sus alas los cielos rasgados,
y el mal se disuelve sutil y natural.

Hay penas que el tiempo no deshilvana,
puertas que crujen verdades dormidas,
pero ellas llegan, tan puras, tan sanas,
a llevarse el miedo con sus partidas.

Anidan sin miedo entre grietas del muro,
y traen primavera donde hubo dolor,
con su pico sellan lo más oscuro
y con su trino despierta el color.

No hay exorcismo más fiel ni profundo,
ni hechicera más pura y callada,
que el vuelo sencillo que inunda mi mundo
cuando una golondrina regresa a mi casa.

Ni el fuego, ni el agua, ni el credo, ni el rezo
han podido borrar lo que duele en la casa,
mas basta un vuelo pequeño y espeso,
y el mal se disipa… si una golondrina pasa.

TE RESERVO UN RINCÓN

Secaría el mar si lo pidieras tú,
con cubo y cuerda, como un *pringao,*
mientras tú te arreglabas el moño
en la cama de algún *abogao,*
que promete París con un vino
y entregas en Madrid bien *usao.*

Te colgaría un cometa en la oreja,
si no fuera porque ya coleccionas
anillos de amantes sin rumbo,
cicatrices de bodas traicionadas
y un collar de promesas desnudas
que, al pesarte, te deja más vacía.

Cuando hablábamos medio dormidos,
yo pensaba en cafés sin reproches,
tú soñabas con tipos más altos,
que no lloren, ni lleguen de noche.
Nos quisimos con tanta desgana
que acabamos buscando un derroche.

Movería montañas por verte,
pero tú te esfumabas ligera,
con el arte de quien desmantela
el amor con sonrisa rumbera.

Y yo, tonto, barriendo los restos
de un naufragio en tu primavera.

«Eres todo», decías cantando,
eras nada después del desayuno.
Me decías «jamás, sin tu abrazo»
y dormías con uno y con otro.
Los «te amo» que echabas al aire
llenaban más fuego por dentro.

Si supieras lo poco que duele
cuando pasa el embrujo inicial,
te querría otra vez, si vinieras
con contrato, con pausa y moral.
Pero vienes de nuevo sin freno,
con la boca, el perfume y el mal.

Ahora vienes, tan dueña del tiempo,
con tus ojos de lunes vencido,
preguntando si queda algo tuyo
en el piso, en mi piel, en el ruido.
Solo queda el cepillo de dientes
y el recuerdo de un no mal dormido.

Me susurrabas «quizás esta vez sí…»,
mientras cerrabas la puerta sin drama.
He aprendido a vivir sin relojes,
sin tus lunes, sin la guerra en la cama.

Si el amor es cuestión de costumbre,
contigo aprendí a querer mi pijama.

Ya no riego tus plantas marchitas,
ni contesto a tus dudas eternas.
Si algún día regresas del circo,
trae el alma, no traigas las piernas.
Y si quieres un sitio en mi vida,
te reservo un rincón en mis penas.

¿QUIÉN ES ESE VIEJO?

¿Quién es ese viejo que me mira en el espejo
con sus arrugas hechas a golpes de tanto tiempo?
¿Será un amigo perdido en mi reflejo?
¿U otro que se escurre entre recuerdos y el viento,
un hombre olvidado y que aún no se queja?
¿O soy yo con su alma de arrepentimiento?

Me hablan sus ojos, pero no me entienden,
su piel es un mapa de ciudades que ignoraron.
La juventud se fue y las canas lo definen,
y en su boca hay soplos de alguna canción
que ya no cantamos, que ya no se vende,
porque el alma se pierde, pero el cuerpo no.

Ese viejo que me mira tiene cicatrices
que el tiempo bordó con aguja de dolor.
Las horas son fantasmas que no tienen raíces,
pero sigue caminando, sin saber que es amor.
El rostro que he visto en mil noticias grises
es el mismo que ahora carga con su error.

Bajo las arrugas hay una luz que se apaga,
y las manos temblorosas ya no aprietan al sol.
¿Qué fue de aquellos días que el viento me traía,
si ahora mi sombra es más corta que mi voz?
Me mira el viejo y a veces me hace trampa,

pero somos los mismos, arrastrados por la tos.
¿Quién es el que ha envejecido antes que yo?
¿Será el espejo o el olvido el que juega?
El viejo me habló, y el alma me lloró
por cada sueño roto que ya no se juzga.
El tiempo es un ladrón y yo un poco peor,
pero aquí sigo, a solas, en mi última brega.

DIFERENCIAS

POEMA 1: PRÓXIMO, CERCANO

Cuando alguien se acerca a mí,
lo más importante es la empatía,
la capacidad de comprender y sentir,
sus palabras y sus gestos llenos de armonía.

La sinceridad, sin máscaras ni engaños,
es otro tesoro que aprecio en demasía,
la autenticidad que brilla en los años
es la base de una conexión verdadera y duradera.

La confianza como un puente sólido
que nos une en momentos de alegría y dolor,
saber que puedo contar contigo
es un regalo que atesoro con fervor.

El respeto como un lazo inquebrantable
que nos une en nuestras diferencias,
aceptando nuestras formas de ser amables,
construyendo puentes en vez de barreras.

La risa, como un bálsamo para el alma,
nos acerca y nos hace sentir vivos,
compartir momentos de alegría y calma
es un regalo que siempre agradezco con bríos.

POEMA 2: DISTANCIAS

En ocasiones, las diferencias nos distancian,
como dos ríos que fluyen en direcciones opuestas,
nuestras perspectivas y creencias se enfrentan
y, en lugar de unirnos, a veces nos desarreglan.

La falta de comunicación, un abismo profundo,
que nos separa y nos deja en silencio;
las palabras no dichas, un muro rotundo
que nos aleja y nos llena de desencuentros.

El egoísmo, como una sombra oscura
que nos impide ver más allá de nosotros mismos;
la falta de empatía, una barrera segura
que nos separa y nos deja sin abrazos y besos.

Pero en medio de las diferencias y los desencuentros,
siempre hay espacio para la reconciliación,
el amor y el perdón, como hilos sueltos
que nos unen y nos brindan la salvación.

Jugando a las chapas

Jugando a las chapas, volviendo a la infancia,
donde el tiempo se detiene con cada tirada,
la calle era nuestro campo de batalla,
y los amigos, compañeros de esta hazaña.

Concentrados en la puntería y la destreza,
buscando el ángulo perfecto con pericia,
el sol nos acompañaba en cada jugada,
y la risa era la banda sonora de esta travesía.

Las chapas brillaban como tesoros dorados,
cada una con su historia, más su valor añadido,
y en cada partida, un mundo se desplegaba,
donde la imaginación volaba sin ser cuestionada.

Jugábamos sin prisas, sin preocupaciones,
nuestro único objetivo, ser el mejor, como leones,
y al final del día, con los bolsillos repletos,
regresábamos a casa como verdaderos héroes.

Volver a la infancia es jugar sin medida,
es sentir la emoción en cada despedida;
las chapas guardan los secretos de aquellos días,
donde todos éramos libres, donde todo valía.

Aquellos momentos grabados en la memoria
son tesoros que atesoro con gran euforia;
la justa a las chapas es más que una simple jugada,
es recuperar la inocencia, es volver a la infancia.

Hombres buitres

En la gran ciudad planean los buitres,
hombres egoístas, en su voraz vuelo,
buscando beneficio en sus cultivos,
sin importar el dolor que dejan en el suelo.

En las alturas acechan con astucia,
devorando sin tregua, sin compasión,
aquellos que confían en su justicia
caen presa de su falsa redención.

Buitres urbanos, fríos y esquivos,
brillan con apariencia de nobleza,
pero en sus corazones guardan motivos
que los hacen hambrientos de la pobreza.

Atrapados en sus redes de codicia,
navegan sin rumbo, sin compasión,
hombres egoístas, buitres de la urbe,
olvidan que hay algo más que su ambición.

En su afán por destacar en lo alto,
dejan a su paso un rastro de desdicha,
cambiando la esperanza por el asfalto
de la indiferencia y la falsa caricia.

Pronúnciame despacio

Si quieres que exista, di mi nombre,
aunque suene a pólvora o a rencor,
no basta con ser uno entre los hombres,
ni archivar mi fantasma en un cajón.

Ponme en la punta amarga de tu lengua,
haz que arda mi sombra en tu canción,
como un lunes que arrastra la resaca
de un domingo que nunca pidió perdón.

Si no lo dices tú, se vuelve un mito,
se disfraza de un trago o de estación
si lo que callas termina siendo rito
que reza al que perdió su vocación.

No hay milagro sin verbo que lo empuje,
ni poeta que aguante la omisión;
el amor que no suena se construye
con ladrillos robados más la ilusión.

Nombrarme es dar permiso, es el hechizo
que convierte al deseo en religión.
Dime «vuelve», «te deseo», «te preciso»,
y verás como se llena tu corazón.

La luna en el escaparate

Ella era la luna en un escaparate,
con la risa al sol, eterna y distante.
Con un vestido entre azules y grises,
y unos zapatos que no sabían de la prisa.
Se quedaba ahí, quieta, tan lejana,
en su burbuja de cristal, ajena a la pena.

Limpia y perfecta, vestida de fiesta,
¡como si el mundo no le diera respuesta!
Y yo, a todas horas, la buscaba,
mientras mi alma solitaria la amaba.
De cartón, sí, pero con alma de diosa,
entre ofertas y sueños, era mi musa.

No era como esas otras que ya me olvidaron,
las que me engañaron, las que nunca me amaron.
Las que me mintieron con besos robados
y con promesas que no valen ni un centavo.

Pero ella, no, ella era otra cosa:
esperaba mi paso con su mirada hermosa;
no hablaba, no pedía, solo estaba allí,
como la estrella que nunca deja de existir,
con los ojos abiertos, esperando el milagro,
como si el futuro fuera solo un párrafo.

Y un día, con la fuerza de un loco enamorado,
rompí el cristal, la tomé y corrí con ella a mi lado.
El viento nos abrazó, la luna nos guio
y, bajo el cielo, mi promesa se hizo canción.
Bailamos bajo la lluvia, como si nada importara,
y entre sus brazos la realidad se desbordaba.

Hablábamos del mañana, como si fuera eterno,
pero el mañana no espera, ya lo sabemos, hermano.
Y entre las paredes frías de un tiempo perdido,
ella lloraba en silencio, por nuestro amor, lo juro.
Pero en ese gran rincón, en esa pequeña utopía,
creábamos unos versos y una dulce melodía.

Más tarde llegaron ellos, con sus caras grises,
me apartaron de su lado, me borraron los matices.
Y ahora estoy entre cuatro paredes que me asfixian,
y el tiempo pasa lento, pero sus ojos no me olvidan.

INOCENCIA

En el suave susurro de la brisa
nace la inocencia, pura y serena,
como un río de luz que desliza
la esencia de un alma plena.

Es la mirada llena de asombro
ante el mundo que se abre ante tus ojos,
es el corazón puro, sin asombro,
que late al ritmo de dulces antojos.

La inocencia es la caricia de la risa
y el abrazo cálido que reconforta,
es la fe en la amistad sin prisa
y la confianza que nunca se desmonta.

En los gestos, en cada palabra,
reside la pureza que no se mancha,
un tesoro que el alma labra,
una luz que nunca se desgrana.

Es la inocencia un regalo dorado,
es la pureza del alma que asombra,
cuando el corazón debe ser protegido
y la sonrisa sincera te deslumbra.

Es el corazón sin malicia ni saña
que ve el mundo con ojos de bondad,
es la fe en la humanidad temprana
y la confianza en la felicidad.

La inocencia es el canto de los niños,
la risa franca y el abrazo tierno,
es el amor puro, sin desengaños ni guiños,
y el anhelo eterno de un mundo más bello.

En cada gesto, en cada mirada,
la inocencia se revela como un tesoro,
un recordatorio de la verdad soñada,
y un faro en el camino, siempre adorado.

Nos quedarán

Cuando ya no quedan fuerzas ni palabras,
y el vino se derrama en la memoria,
el reloj se habrá olvidado de las horas,
seremos solo cenizas, trampas, sombras.
Las promesas caerán como la nieve,
y el cielo olvidará su propia gloria.

Y tú me buscarás entre la niebla,
con las manos vacías de los días,
querrás un pedazo de esas melodías
que nos cantaban en las noches de seda.
Pero el eco ya no tiene las respuestas,
solo el murmullo de las despedidas frías.

Nos quedarán los restos de la risa,
y las huellas de un amor que se escapa,
como un sueño que se quema y se tapa
con el manto de la duda y de la prisa.
La luna será la última que entienda
que hay amores que nunca se olvidan.

Y nos veremos otra vez en los bares,
pero ya sin la urgencia de un beso,
las palabras serán solo un exceso,
y el cuerpo, un vagabundo entre pilares.
Nos reconoceremos en un giro lento,

pero el aire ya nos traerá otro viento.
Los años serán cadenas de silencio,
y las voces se perderán entre el humo,
quedará un adiós, el de costumbre,
de no esperar, de no tener un precio.
Y nos iremos, un poco sin quererlo,
en un tren que nunca llega a su final.

Pero en cada rincón del alma quedó
un verso perdido entre los cristales,
la imagen de un amor que, aunque mortal,
se resiste a disolverse con la marea.
Lo que fuimos será siempre una llama
que se apaga, pero nunca se termina.

El sonido del silencio

Bajo el manto del silencio,
en las noches más oscuras,
se esconde lo trascendental
de la vida apresurada,
caminos sin destino,
promesas rotas, amores en fuga,
y en la soledad callada,
el corazón se siente atormentado.

Entre el retorno del silencio,
las verdades no dichas,
los secretos guardados en el rincón
más profundo del alma,
y en cada pausa, en cada suspiro,
se revelan las heridas,
mientras el mundo sigue girando
en su eterna y caótica danza.

En el silencio también hay paz,
espacio para el pensamiento,
un refugio para el alma cansada
de tanto ruido y alboroto,
donde las palabras sobran
y el corazón encuentra aliento,
y en esa calma sosegada
se encuentra algo de bienestar.

En los sonidos del silencio
amanecen los recuerdos,
las alegrías compartidas,
los momentos de melancolía,
y en ausencia de las palabras,
se tejen los sentimientos,
como un lienzo en blanco
donde la vida pinta su poesía.

PÁJAROS DE PAPEL

Volando bajo, sin alas ni cielo,
los llevo en el bolsillo, perdidos sin desvelo.
Son sueños rotos, mensajes sin remite,
que jamás volaron, pero siguen gritando fuerte.

Los vi alguna vez en un otoño tibio,
en un rincón donde se apagan las luces.
De esos días en los que el sol se esconde tímido,
y en mi mente bailan, pegados en mi frente.

Pájaros de papel que no saben cantar,
que no pueden volar, pero aún intentan huir.
Les escribí con mi alma en una servilleta,
y con el viento se fueron, sin decir adiós.

El tiempo se los llevó, arrugados y mojados,
como cartas viejas, como besos olvidados.
Pero en cada esquina que doblo sigo escuchando
el rumor de sus alas, como si fueran mi pecado.

Pájaros de papel, volando a ras del cielo,
en un cuaderno viejo, olvidados en las hojas.
Tienen alas de tinta y ojos de olvido,
y cantan melodías que no han sido leídas.

La vida se les escapa entre hojas rotas,
se posan en los rincones de noches flojas,
bajo el brillo de un farol que no ilumina,
y se olvidan de ser libres, se olvidan de ser mías.

Pájaros de papel, ¿quién los va a salvar,
si el viento que los lleva no sabe volar?
Nos quedamos aquí, con las manos vacías,
y ellos vuelan lejos en sus despedidas frías.

¿Qué haríamos sin ellos, sin esas canciones
que se quedan a medias entre corazones?
Pájaros de papel, siempre como un suspiro,
al final son recuerdos que nunca se retiran.

Pájaros de papel, malditos y hermosos,
tiemblan y caen, pero no saben de amor.
Aún guardo algunos, arrugados y celosos,
porque, al final, ¿quién no guarda algo que fue un error?

DESIGUALDAD

En el mundo, la desigualdad se hace notar,
donde unos tienen mucho, otros carecen,
la brecha se ensancha, sin reparar,
y el sufrimiento de muchos, ¿quién lo entiende?

La riqueza se acumula en pocas manos,
mientras que otros luchan por sobrevivir.
¿Dónde está la justicia en estos planos?
¿Cómo la igualdad podemos aquí construir?

La falta de oportunidades es evidente,
mientras unos nacen con ventaja y poder,
otros luchan en un sistema carente.
¿Cómo podemos aliviar tanto padecer?

La desigualdad es un profundo dilema
que clama por compasión y solidaridad;
quizás con amor y empatía fecunda
logremos un mundo de equidad de verdad.

ERMITAÑO

En la cima de la montaña, en la soledad profunda,
yace el ermitaño en su morada rotunda,
su mirada serena refleja la verdad,
la sabiduría eterna, su eterna lealtad.

Aislado del mundo, halla paz en la quietud,
medita y reflexiona con profunda pulcritud,
la experiencia le ha otorgado su propia libertad,
y en su corazón reposa la calma de la eternidad.

Responsable y paciente, con paciencia sin igual,
el ermitaño en su retiro halla su hogar espiritual,
símbolo de reflexión y profunda meditación,
representa la sabiduría en su pura expresión.

Que su ejemplo nos guíe en la senda del saber,
y que en nuestra propia alma podamos renacer;
el ermitaño, maestro de la introspección,
nos enseña el valor de la pura reflexión.

PONGAMOS

Pongamos que me resguardo del frío
con besos de saldo y abrazos de alquiler;
que, en vez de llorar, me sonrío,
tomando un *whisky* al borde del ayer.

Digamos que aprendí a caminar sin suelo,
a fingir que no duele, que ya pasó,
que amar es firmar con sangre un duelo,
y el alma se alquiló, pero no se vendió.

Me escondo en canciones de media derrota,
en salones que cierran por falta de fe,
con versos que suenan a nota remota,
con amantes que olvido antes del café.

No esperes que cuente verdades enteras,
me curan más los versos que la terapia,
le pongo condones al alma, y barreras
por si el corazón quiere darme otra poesía.

Pongamos que esta vez no me quiebro,
pero yo ya no estoy, que el dolor me encontró,
que me hice un refugio de acero y de verbo,
y el miedo se calla si no sabe quién lo escuchó.

DETALLES

En el transcurso del tiempo perdura un eco lejano,
un susurro de amor empalmado con tu destino;
cada detalle, cada instante, cada gesto repetido,
se convierte en un faro que ilumina tu camino.

En cada rincón de tu memoria yace un recuerdo,
un detalle de aquel amor que se desvaneció en el tiempo,
como pájaros que emigran en busca de un nuevo, alba,
nuestro amor se despidió en silencio, sin vuelta.

Cada detalle es una huella marcada en tu alma,
un canto lejano que te susurra promesas olvidadas,
como un reloj detenido en un instante eterno,
nuestro amor se desliza por la senda de tu olvido.

En cada verso, en cada nota, en cada suspiro,
resuenan las palabras que ya no encuentran hogar,
como lágrimas perdidas en el río de la despedida,
nuestro amor se convierte para ti en un recuerdo lejano.

En esta danza con sombras y añoranzas,
nuestros destinos se separan como estrellas fugaces,
dejando tras de sí un sendero de dulce melancolía,
nuestro amor se transforma en tu eterno lamento.

En cada beso robado, en cada abrazo sincero,
reside un recuerdo imborrable de un amor verdadero;
cada caricia, cada sonrisa, cada mirada profunda,
se convierte en un lazo que une almas en la penumbra.

En el vaivén de nuevos amores y promesas
permanecerá la sombra de un amor que no se olvida;
cada detalle en él, cada gesto, tus recuerdos, cada risa,
será un recuerdo de mi amor, una melodía revivida.

Cada vez que mires las estrellas en la noche,
cada vez que sientas el suave sonido del viento,
cada vez que encuentres un detalle que te recuerde a mí,
sabrás que mi amor perdura en cada latido de tu corazón.

Lo que no se dice se va

Si quieres que exista, no me silencies,
que el silencio no paga el alquiler.
Los fantasmas que guardas se hacen grandes,
y al final se acomodan, y crecen.

No esperes que adivine tus intenciones,
no soy Google, ni te leo el corazón;
si no dices «te quiero» con cojones,
me largo en la primera ocasión.

Nombrarme es invitarme a la locura,
a esa gran fiesta sin excusa ni forma.
Si me dices «te quedas», te aseguro
que me quito hasta el miedo… y el temor.

Pero todo lo innombrable se marchita,
como el aire que olvidaste respirar,
como el beso que se espera y no se invita,
como el polvo que nunca fue rumor.

Yo no sirvo pa ser solo un pensamiento,
ni estatua de sal, olvidada en tu rincón.
O gritas mi nombre contra el viento,
o me apuntas en la lista del adiós.

Pero si me quieres, dilo fuerte y claro,
sin rodeos, sin ninguna falta de pudor.
Que lo que no se dice se va con el viento,
para terminar brindando con otro autor.

Falsa realidad

En un mundo de normas y espejismos,
nosotros buscamos la forma de escapar,
de bailar al borde del abismo,
de los sueños que no queremos despertar.

Tomamos un trago de libertad,
y nos perdemos en la noche sin final,
buscando la forma de volar,
sin miedo a caer, sin pensar en el final.

Nos negamos a seguir la corriente,
y preferimos nadar contra el viento,
buscando la paz en este presente,
sin importarnos el juicio ni el tormento.

Caminamos por calles prohibidas,
y besamos a la luna en su escondite,
rechazando las reglas establecidas
en busca de una verdad sin límite.

Somos los locos que desafían al destino,
los que escriben su propia historia
en un mundo lleno de desatino,
buscando gloria, sin importar la memoria.

Salirnos de las normas, romper las reglas del juego,
caminar descalzos por las calles del deseo,
pero la vida nos atrapó en su ruedo
y nos perdimos en un laberinto difuso.

Intentamos no soñar, tapar los ojos a la fantasía,
esquivar las sombras de la noche en vela,
pero el corazón se rebeló contra la apatía
y nos sumergimos en un mar sin sintonía.

Buscamos refugio en la realidad sin brillo,
en los días grises que se deslizan sin emoción,
pero el alma anhelaba volar alto sobre un castillo,
y nos perdemos en el sonido de una antigua canción.

Intentamos borrar los trazos del deseo prohibido,
evitar las caricias que encienden la pasión,
pero el amor se coló como un viento temido,
y nos rendimos en su dulce tentación.

En esta vida loca, querido amigo,
nos gusta salirnos de las normas establecidas,
caminar por la cuerda floja, sin red ni abrigo,
olvidar las reglas que nos tienen presos en la vida.

Nos encanta desafiar lo convencional,
tomar caminos prohibidos y oscuros,
bebernos la noche hasta el final,
sentirnos libres como pájaros maduros.

A veces, nos refugiamos en la falsa realidad,
buscando consuelo en un mundo artificial,
intentando no soñar despiertos, es vanidad,
pero sabiendo que en lo prohibido hallamos lo vital.

ENVIDIA, CODICIA Y RENCOR

Envidia, codicia y rencor,
sentimientos que oscurecen el corazón,
como sombras que acechan en la oscuridad,
corrompen el alma y causan maldad.

La envidia, como una serpiente venenosa,
se arrastra sigilosa, sembrando discordia,
devorando la alegría y la paz interior,
convirtiendo en amargura todo a su alrededor.

La codicia, insaciable y voraz,
ciega al ser humano en su afán de más,
avaricia desmedida, sin límites ni razón,
que corrompe la bondad y la compasión.

El rencor, como un fuego ardiente,
consume el alma y envenena la mente,
guarda amarguras y alimenta el resentimiento,
olvidando el perdón y el entendimiento.

El tren de la vida

En el tren de la vida voy viajando,
rumbo incierto, destino desconocido,
cada estación es un nuevo llamado
a tomar decisiones, a ser atrevido.

En el tren de la vida voy pensando,
rumbo incierto, destino sin guía,
cada estación es un nuevo engaño,
promesas vacías, realidad sombría.

La vida es un viaje de idas y venidas,
donde las estaciones marcan el compás,
cada decisión es una nueva partida,
un salto al vacío, un paso al más allá.

Entre la rutina y la monotonía
surge la absurda idea de seguir adelante,
en la próxima parada está la ironía,
un nuevo fracaso, un giro desafiante,

La vida es un juego de azar y fortuna,
donde las estaciones son trampas mortales;
cada decisión es una broma importuna,
un sinsentido más entre males y verdades.

HE ANDADO

He andado muchos caminos
bajo el sol y la tormenta,
he escalado altas cumbres
y dormido en la maleza.

He cruzado ríos bravos,
atravesando desiertos,
he sentido el frío helado
y el calor en mis adentros.

He buscado la belleza
en cada flor, en cada cielo,
he encontrado en la tristeza
un motivo para ser bueno.

He aprendido de la historia,
de aquellos que han venido antes,
he escuchado su memoria
y guardado sus consejos mejores.

He amado con gran pasión,
y también he sufrido el desencanto,
he aprendido en cada lección
a amar con todo mi encanto.

He andado muchos caminos,
he cruzado mil senderos,
he visto luces y sombras,
y he aprendido mil misterios.

He buscado la verdad
en cada rincón perdido,
he hallado risas y llantos,
amores y sufrimientos.

He tropezado en la vida,
y me he levantado fuerte,
he aprendido de caídas
a ser valiente y prudente.

He encontrado en el camino
amigos que me han sostenido,
y en cada paso he aprendido
a fortalecer mi sentido.

He andado muchos caminos,
y en cada uno he vivido
una historia, un destino,
un pedazo de mi interior.

Cuando la verdad me engaña

Cuando la verdad me engaña
y el espejo me da la espalda,
cuando el juez se fuma el código
y el verdugo aplaude en la grada,
cuando el cura se confiesa
de los pecados que calla,
yo me escondo en las esquinas
donde el alma se emborracha.

Cuando «te quiero» es una promesa,
de una noche desvelada,
y la luna nos cobra con besos
lo que el sol deja en la cama,
cuando el tiempo va deprisa
y la vida nunca se para,
¿de quién me puedo fiar,
si hasta Dios vende esperanzas?

Fiarse es cosa de locos
que no han roto madrugadas,
de los niños que aún no saben
que la fe también se acaba.
Yo, que vendí mi armadura
por un verso y dos guitarras,

descubrí que la mentira
usa labios de muchacha.

Me juraron primavera
con un ramo de palabras,
pero el invierno se cuela
por debajo de la falda.
Y aunque el corazón resista
con heridas mal cerradas,
ya no compro las verdades
que se venden en las plazas.

Por eso brindo en silencio
con el *whisky* de la duda,
por las medias certezas
y las mentiras desnudas.
Pero si la verdad miente,
como mienten las miradas,
yo me fío del que canta,
aunque desafine su garganta.

NADA VUELVE, NI EL TIEMPO

La luna se esconde tras la cortina,
y tú, como siempre, llegas tarde.
Los besos perdidos, en la rutina,
se convierten en humo en las paredes.

El reloj no perdona, nunca olvida,
y el ayer se convierte en una sombra.
Nos quedamos atrapados en la herida,
pero el futuro, sin saberlo, nos nombra.

¿De qué sirve el arrepentimiento,
si el amor ya se fue como la brisa?
Nada regresa, ni el frío, ni el viento,
y la esperanza se apaga con la prisa.

El tiempo es un ladrón con cara de amigo,
te roba los sueños y te deja un beso.
Nada vuelve, ni el niño, ni el abrigo,
y aunque grites, no encontrarás el regreso.

Las calles se han quedado con tu risa,
y mis manos aún buscan lo que eras.
Nada vuelve, ni la gloria, ni la prisa,
el amor se pierde, se esfuma, se espera.

No queda más que un eco y una copa,
y un brindis al vacío como adiós.
La vida se arruga, como la ropa,
y el tiempo nos olvida, uno a uno, Dios.

No te dije

Si al partir callé lo que mi pecho encierra,
no fue por falta de ardor, ni olvido vano,
sino por los golpes que el destino insano
dio a mis horas, cual presa de esta guerra.

Por sendas rotas, en voz de sombra y tierra,
quebraba el aire su bramido arcano,
y el tren de los pesares, vil, temprano,
me negó tu adiós, mi dolida sierra.

Si callé al cruzar el umbral perdido,
fue que el adiós devoró lo sentido,
como el mar a luceros en la sombra.

Mas sabes, oh, alma, que el «te amo» callado
en cada suspiro quedó bien grabado,
aunque nunca la voz lo desasombra.

¿DÓNDE ESTÁ?

¿Dónde se esconde tu risa?
¿En qué esquina de la noche?
Se escapó con tu mirada,
que me arrastraba sin darme cuenta.
Quizás en el mar, donde el viento
se enreda en los cabellos de las musas,
o donde la luna mira desde su trono,
sin pronunciar ninguna palabra.

Yo te busco entre sombras y promesas,
entre montes fríos y sueños rotos,
con la esperanza casi intacta
de que quizás algún día el azar,
gracias a su juego travieso,
te ponga de nuevo frente a mí.

Y mientras, el reloj camina en el tiempo,
y mi alma, que ya no sabe si espera o sueña,
se despide cada día con un adiós
de cada rostro que no lleva tu nombre,
de cada calle de las que recorro,
sin saber si me acercan o me alejan de ti.

Quizás estás en alguna canción
de esas que me hacen pensar
que algo tan grande me falta,

que un cuerpo calla lo que el alma grita.
O tal vez, como siempre he temido,
mi parte gemela se esconde en la memoria
de un amor que nunca llegó.

¿Dónde está mi otra mitad?
¿Entre las ruinas de mis noches rotas,
en las noches de mis sueños perdidos,
o quizá en todos los versos
que nunca me atreví a escribir?

Todavía te sigo buscando,
pero quizás el mapa que necesito
esté dibujado en tus propios ojos,
y yo aún no he aprendido a leerlos.

EL COLEGIO DE LA VIDA

En el colegio de la vida, cada día es una lección,
el aula es vasta y abierta, de amor, lucha y dolor.
Aprendemos sin libros, solo con el corazón,
y cada paso que damos es un temblor de amor.

Los errores son maestros, y el tiempo es su verdad,
nos enseñan que el camino nunca es recto ni fácil.
Pero en la sombra del miedo crece la claridad,
y en la tormenta hallamos la luz que es más ágil.

Los días son exámenes, difíciles de aprobar,
pero en cada fracaso hay otra oportunidad.
A veces caemos, pero hay que saberse levantar,
porque en el suelo está el secreto de la humanidad.

En esta aula abierta no hay fin ni despedida,
los compañeros son todos, desde el niño al anciano.
Y en algún rincón a todos nos marca una herida,
pero también la esperanza de sanar en lo humano.

La vida es una escuela de risas y lágrimas,
donde cada encuentro es un aprendizaje eterno.
Y aunque a veces caigamos en mil trampas,
la vida sigue su curso, buscando su sendero.

LÁGRIMAS DE AMOR ETERNO

Lágrimas caen como lluvia sutil,
silencio profundo entre sombras calladas,
mi alma perdida, sin fin, sin perfil,
lloran el amor en noches doradas.

La lluvia se lleva el lamento de un suspiro,
y en cada gota mi alma se quema;
te amé en la vida, te amo en el derrotero
del tiempo, que eterno en mi pecho me envenena.

Oh, lágrimas puras que el alma no olvida,
en tus reflejos habita mi pena;
tú eres mi consuelo, mi eterna herida,
el amor que muere y nunca se frena.

El llanto es mi abrazo, mi dulce canción,
y aunque el tiempo corra y el cielo se apague,
tu amor, como un canto, vivirá en mi corazón,
y mis lágrimas seguirán donde el alma no se apaga.

PECES EN LAS NUBES

Peces que nadan en el cielo,
dibujando el contorno de la luna,
entre las nubes de humo colgando,
burlando la gravedad de espuma.

Se enredan con las estrellas caídas
y los recuerdos de amores olvidados,
y el viento les canta a escondidas
canciones de mundos prohibidos.

Saltan tras el reflejo de un ocaso,
de sueños rotos que el sol olvida,
jugando a escapar de algún abrazo,
de la rutina que los humilla y los tacha.

El cielo no entiende de mareas,
pero los peces siguen su curso,
dibujan en la noche sus ideas,
y la tierra se disfraza de lo absurdo.

En cada ola de estrellas, un lamento,
en cada burbuja, un beso olvidado,
y los peces que nadan en lo oculto
son los que han borrado tu recuerdo.

REDOBLAN LAS CAMPANAS

Redoblan las campanas por la amiga
que se fue sin pagar la última ronda,
por la flor que murió sin su espina,
por el tango que nunca se escucha.

Redoblan por el truco del tahúr,
por la rubia que juró ser distinta,
por el verso que no encontró el sur,
por la luna, cuando juega a ser puta.

Redoblan por el tipo en la cornisa
que apostó su futuro a un quizás,
por la calma que te da una brisa
y el caminante que no vuelve jamás.

Por el loco que amó sin preguntas,
por la herida que nunca se cerró,
por los besos con la fecha caduca,
por el tren que a ninguno esperó.

Redoblan, sí, por todos nosotros,
los que amamos con miedo al querer,
por los sueños que, al paso de otros,
se escaparon deprisa para no volver.

«¿Por quién redoblan?», preguntas tú.
Y yo extiendo otro verso al azar:
«Redoblan por ti… y por mí,
que aprendimos muy tarde a llorar».

CUERDAS AL VIENTO

Deja que todo sea así, ya el viento se llevó
nuestro amor, como una bufanda, tan ligera,
en la que ya había tomado tus manos,
y contigo y conmigo, en esas noches enteras,
donde la alegría no entendía de fronteras.

No te cortes, no te arrepientas nunca,
come un poco más, estás en los huesos,
y sobre la mesa, entre el té y la comanda,
me trago también esta despedida.
¡Como si el silencio pudiera llenar la herida!

Que sea así, el cielo se desvanece,
tras las grullas que cruzan la frontera,
de este paisaje que aún te guarda;
no cambies, nunca, no cambies,
cuida bien de ti, recuerda lo que fuimos
en ese mundo que ya no es el mismo.

Trata de no meterte en problemas,
abandona ya el plató, para siempre,
entre el claxon del coche y las campanas,
repite «no lo tengo contigo, ya no está».

Y no te compadezcas más de mí,
mientras mi aliento estaba fumando,
sentí que caía despacio, y tú te ibas lentamente,
como la marea que no vuelve jamás.

¿Quién sabe si tarde o temprano entenderás?
que te llevo muy adentro, si miras hacia atrás?
¿Quién sabe si tarde o temprano comprenderás
que solo me quedo, que solo me quedo aquí?
Y si canto las canciones que tanto nos gustaban,
ahora, y alguien se sienta a mi lado y sonríe,
tranquila, piensa que te las dediqué a ti.

Y él no sabe nada de cuando te dije
«come un poco más, estás en los huesos».
Él no sabe nada de nuestras fantasías del primer día,
de cómo te fuiste y de cómo yo me quedé,
como aquel recuerdo que aún no se apaga.

Y quizás tarde o temprano comprenderás si miras atrás.
Quién sabe si tarde o temprano, o quizás mañana.
Si piensas, sabes que me quedo aquí, solo, muy solo,
canto solo, viviré solo, caminaré solo, y solo continuaré.

EL PRIMER DÍA SIN MÍ

El primer día después de mi última copa
me despertaré sin el miedo al reloj,
sin el frío del tiempo que me ahoga,
sin el peso del cuerpo ni del reproche.
Será como un sueño que nunca se acaba,
y veré desde arriba cómo se alivia la vida.

La gente seguirá con sus mismas caras,
querrán llorar, cantar, pero no me verán,
harán promesas, juramentos y promesas,
pero yo estaré fuera con algún otro plan.
No habrá ruido, ni marchas, ni misas,
será el silencio, ese amigo leal.

Me reiré al ver a los que aún dudan,
buscando señales que nunca hallarán,
yo seré el viento que a veces murmura,
y un suspiro perdido que no volverá.
No habrá paz, ni guerra, ni gloria, ni pena,
solo estaré allí, donde nadie me vea.

Mis amigos seguirán con sus tragos,
hablando de mí como se habla de un mito,
pero yo me habré ido en un parpadeo largo,
seré un olvido, y ni un maldito rito.
El humo de un cigarro, el lamento lejano

y el verso que nunca sonó en mis manos.
Ni ángeles ni diablos me esperarán,
ni el cielo ni el infierno tendrán mi nombre,
seré la memoria que se desvanecerá,
como el vino que se beben los hombres.
Ni bien ni mal, ni santo ni pirata,
solo un recuerdo que se mete en la lata.

Y cuando alguien me recuerde, será tarde,
con un chiste, una risa, una copa vacía,
y yo seré, sin una pena, el que parte
en el último tren, en la última melodía.
El primer día sin mí será muy raro,
pero seguirán adelante, como si nada.

ILUMINAR TU CARA

Quiero iluminar la sombra de tu cara.
En los lugares donde el tiempo se pierde,
te vi bailar entre canciones y copas,
y tú, como siempre,
dibujando en el aire
el perfume de tu ausencia.

Quiero iluminar la sombra de tu cara,
pero el sol se niega a salir de tus ojos,
esos ojos que me prometen mundos,
pero se esconden en las dudas,
y en tu risa rota,
en la luna que no brilla cuando te vas.

Y a pesar de todo, te sigo
por calles que conservan tu nombre,
en los rincones que no guardan secretos.
Tus palabras, como puñales afilados,
se clavan en mi piel y no duelen,
solo me ahogan
en la melodía de un adiós que nunca llega.

Quiero iluminar la sombra de tu cara.
Darle a tu alma la luz que no conoces,
pero me pierdo, como siempre,
en tus laberintos,

en las mentiras que me cuentas
y en los sueños que nunca despertamos.

HABLAR PARA CAMBIAR DE TEMA

Hablamos de nada, y de todo un poco,
como quien se escapa de un lunes gris.
Bajamos la mirada, olvidamos el foco,
y el aire se llena de lo que no es.
Decimos palabras que no son del coco,
como si callar fuera un crimen, quizás.

Hablamos de amor, pero sin que arda,
como quien se esconde bajo un paraguas.
¿Me dices que el mundo da vueltas y tarda?
Pero entre tanta charla, ¿quién me abraza?
Las frases que se sueltan, todas son falsas,
como un reloj que no funciona en la casa.

Cambiar de tema, si la vida duele,
es el arte de evitar lo que pasa.
¿De qué sirve el llanto si el vino huele?
Mejor hablar de algo que no te atraviesa.
La política suena, y el drama te duele,
pero el cambio de tema es nuestra fortaleza.

Nos perdemos en el humo de las palabras,
sin llegar a nada, como en un bar lleno.
Te digo «cambiemos», y el viento deshace las canas,

mientras seguimos bailando en el camino.
Hablamos del clima, del amor, del invierno,
pero nadie se atreve a hablar de lo que suena.

Que si el futuro es negro, o el pasado pesa,
yo te cambio el tema, que el sol ya no da.
Es fácil hablar de cosas que no interesan,
y el aire se llena de lo que no se va.
Pero si alguna vez la verdad aparece,
callamos, cambiamos, y nadie lo ve.

Hablar para escapar, hablar para olvidar,
es un arte viejo, que siempre tiene un precio.
Pero cuando el silencio nos viene a visitar,
nos miramos y seguimos el trecho.
Así, entre palabras, siempre hay un lugar,
donde hablamos para cambiar de tema, sin derecho.

Cuando no hay prisa

Me desperté sin reloj ni corneta,
con la resaca dormida en la ventana,
fumando paz en la piel de mi sofá,
sin un calendario que me comprometa,
sin nada que me sujete a una cuenta,
mirando al mundo y a su gris alquitrán.

No me persigue el ayer en la acera,
ni me amenaza el después con su espera,
ni el «por si acaso» me roba el café.
Voy sin paraguas, y con la cartera rota,
pero con lluvia que, en vez de trinchera,
me da razones pa hacer un *ballet.*

No me embarga ni el deber ni la duda,
ni me castiga el amor con su ayuda,
ni me detiene la voz de un control.
Si hay un pecado, que sea por una viuda;
si hay un milagro, que sea por la muda
de esta larga rutina sin guion ni rol.

Y aunque la suerte me dé calabazas,
aunque el futuro reparta amenazas,
no tengo miedo, ya vi su disfraz.

Sigo brindando en tabernas sin tazas,
rompiendo espejos, cantando a los brasas…
Cuando ya no hay prisa, la vida da más.

Dejar atrás mi sombra

Me cansé de vivir a la sombra de un perro,
de arrastrar bajo el brazo el lastre de un alma,
de ver el sol a través de un vidrio que hierra
y la luna que me observa sin decirme nada.
Quiero caminar sin que el eco me devuelva
la voz de lo perdido, la que nunca acaba.

Dejé atrás la silueta que me llamaba,
como un amante muerto al que ya no escribo,
y el humo que me ahogaba en cada madrugada
ya no se cuela en mis venas como un suspiro.
Vengo a nublar el espejo que tanto me engañaba,
a borrar la nostalgia que aún me sigue al filo.

He aprendido a perder, como quien olvida
un nombre que ya no se escribe en la piel,
he dejado que la sombra se quede perdida
en el crisol del tiempo, al borde del bien y del mal.
No hay más batallas ganadas ni puertas cerradas,
solo la risa sorda del sol que me desvela.

Y si algún día tropiezo en la misma senda,
me miraré al espejo y veré la verdad:
que la sombra es un amigo que te espera,
pero el camino, a veces, pierde claridad.
Así que sigo con la piel nueva como ofrenda

del coraje de caminar sin mirar atrás.
La ciudad está vacía de promesas rotas,
y el viento sopla alto, despeinando el temor.
Dejé mi sombra en la calle, entre las bocas
de un amor que ya no es mío, ni es amor.
Y aunque mis pasos suenen como notas rotas,
sé que la libertad es la única canción.

A veces, cuando el frío me llama y me toca,
sé que mi sombra es la huella de un ayer.
Pero hoy me voy, dejando que el alma se encoja,
y el sol, que me resucita, me permita renacer.
Hoy soy solo el recuerdo que la vida invoca,
y ya no necesito saber si tengo un porqué.

Gaviotas en la nieve

Entre el blanco manto que cubre el suelo,
las gaviotas cruzan el cielo helado
con alas que rozan el frío del viento
y gritos que se pierden en el prado.

La nieve cae como un lamento mudo,
tapizando el mar, la tierra, el olvido,
pero ellas, como sombras en lo alto,
surcan el aire, desterrando el frío.

El mar lejano, dormido bajo el hielo,
guarda en sus entrañas recuerdos salados.
Las gaviotas, en su vuelo errante,
son voces de verano entre los cristales helados.

Un paisaje que no entiende su canto,
pues la nieve no sabe de su sol dorado,
pero ellas, con su vuelo tan claro,
se niegan a olvidar el cielo en su mente grabado.

La sonrisa más bonita

Ella tiene una sonrisa más bonita que la mía,
de esas que arrasan con la luz de cada madrugada,
y yo, que me pierdo entre el humo y la alegría,
la observo en silencio, reposado en una almohada.
Tiene la risa que hace llorar a las estrellas,
y el alma tan dulce que eclipsa mi invierno,
es un fuego que arde en las noches más bellas,
mientras yo sigo perdiendo el tiempo en mis infiernos.

Ella tiene una sonrisa más bonita que la mía
y, aun así, me pide que no le hable de dolor,
como si no supiera que, en el reflejo de su alegría,
yo solo encuentro el rastro de mi propio error.
Pero la miro y me rindo, como si fuera un acto
tan natural, tan sutil, como un sueño encantado,
y aunque mi sonrisa no sea tan limpia, es exacto,
ella me mira y se olvida de todo lo que he callado.

Ella tiene una sonrisa más bonita que la mía,
y me gusta perderme en la calma de su voz,
como si fuera el sol que despeja de la agonía,
y yo soy el espectro triste de un adiós sin dios.
Sin embargo, en su mirar hay una tregua, un cariño,
un refugio lejano donde mis sombras se disuelven,
y a pesar de no ser el dueño de su destino,
sé que su sonrisa es mi cárcel y mi edén.

Ella tiene una sonrisa más bonita que la mía,
y, sin embargo, mis versos siempre la dibujan,
como si fuera la luna en su luz tardía,
y yo, un espectro que en su reflejo se acurruca.
Pero sé que su risa nunca será para mí,
que se va a perder entre otros abrazos, otras caras,
y que mi sonrisa será lo que ella no vio allí,
el sordo amor que se desgasta con las canas.

Ella tiene una sonrisa más bonita que la mía,
y yo me pierdo en los caminos que no entiendo,
como si el amor fuera una melodía fría,
y yo solo un verso que en la bruma va perdiendo.
Pero no me importa, porque al final es su risa
lo que me ata y lo que me libera en un suspiro,
y aunque nunca no me ame, siempre será la prisa
que me lleva a la guerra sin retorno, sin giro.

Ella tiene una sonrisa más bonita que la mía,
como una flor que florece en el desierto ardiente,
y yo, que soy solo el sonido de una melodía,
la miro y me quedo en silencio, doliente.
Quizás nunca me vea como yo la he soñado,
pero en su sonrisa encuentro el mar y la arena,
y aunque nunca me ampare, seguiré a su lado,
perdiéndome en su luz, en su sombra que me llena.

Ella tiene una sonrisa más bonita que la mía,
y, al final, es lo único que quiero recordar,
como un suspiro que se lleva en la poesía
y un beso robado a la eternidad al pasar.
Porque aunque el amor se desvanezca en las manos,
y mi sonrisa se olvide en algún rincón del viento,
ella tendrá en sus ojos todos mis años,
y yo seguiré buscando su sonrisa en mis lamentos.

Ella tiene una sonrisa más bonita que la mía,
y yo seguiré aquí, perdido entre su magia,
escribiendo en sus labios mi propia melodía,
aunque no sea mi amor el que a su lado brilla.
Porque en su sonrisa encuentro mi razón,
mi condena, mi olvido, mi falsa victoria,
y aunque nunca será mía, siempre será mi canción,
la que canta el viento y se queda en mi memoria.

QUITARME ARRUGAS

Quitarme arrugas en mi mente,
que el tiempo no me deje huella,
borrar pensamientos sin resolverse
y ver la vida como una estrella.

Dejar de lado lo que me pesa,
que el miedo ya no sea mi amigo,
y con calma, como la naturaleza,
poder caminar siempre completo.

Que no haya sombras ni prejuicios,
que mi mente sea clara y libre,
quitar la carga de todos los vicios
y aprender a vivir siendo consciente.

Tener el sol en el rostro, siempre radiante,
con pensamientos ligeros como el viento,
navegar entre mares más distantes,
sin más edad que el puro intento.

Porque sobran razones

Porque sobran razones pa odiar tus abrazos,
pa borrar tus mensajes, tus frases de saldo,
pa romper las canciones que hicimos a trazos
y brindar por tus besos… con vino barato.

Porque sobran las noches sin tregua ni excusa,
en el menú repetido del mismo reproche,
los «mañana te llamo», las culpas difusas,
los finales cobardes al filo de la noche.

Pero sobran las guerras que nadie empezó,
las trincheras del ego, los celos sin causa,
las verdades que duelen, la risa enlatada,
los «te juro que cambio» después de otra pausa.

Porque sobran los lunes con cara de entierro,
los domingos vencidos por tanta distancia,
tus «se acabó» y tus «lo nuestro es distinto»,
tus excusas baratas, tus dramas de infancia.

Porque sobran tus lágrimas de cocodrilo
y mi culpa arrugada en el mismo cajón,
tus caricias con fecha, tu voz de vinilo
rayado, y en la cama la misma canción.

Porque sobran los «nunca», los «siempre», los «todo»,
porque amar ya no basta si muere el respeto,
porque fuimos más ruina que un mal terremoto,
y el amor nos duró… lo que un buen cigarrillo.

Y, aun así, no te niego, maldita costumbre,
que algún día, borracho, me dé por llamarte,
y que acabe en tu cama buscando la cumbre
que jamás encontré en ninguna otra parte.

Porque a veces el odio se viste de amor,
y uno vuelve a lo malo sabiendo el final,
porque sobran razones, mi vida, mi error…
y no encuentro una sola que me duela igual.

UN BUEN REPARTO

Una docena, seis para ti, doce para mí,
y en el medio, el cuento de lo que no pudo ser;
tú te llevas la mitad del cielo,
yo, el peso de la pena y la amargura, sin saber por qué.

Tú, la flor que no se marchita,
yo, el rosal que se quedó sin pétalos,
y en esa docena, tan bien repartida,
te llevaste el sol y yo las sombras, sin un aviso.

Seis de mis días te los regalaría,
si en tus manos quedaran intactos, sin pudor,
pero aquí estoy, con mis doce cicatrices,
y la madrugada de un adiós que nunca fue amor.

Que no te engañen las risas que compartimos,
es un juego de azar, amor, y yo siempre aposté mal,
pero, aun así, con doce razones para olvidarte,
te guardo seis versos que nunca supe cantar.

Te dejo doce promesas, seis para ti,
el resto las guardo, mejor para mí.
Repartimos el tiempo como en un truco,
uno se lleva más, el otro se queda un poco.

Seis para tu cama y doce para el amor,
en la balanza de la vida, reparto y dolor.
Te regalo un verso, eso que me ahorro,
tú te llevas la luna, yo, mi último desgarro.

Tú dices que todo es muy fácil y claro,
pero la verdad siempre está en el descaro.
Seis para tu risa, doce para mi llanto,
nos lo repartimos, ¿quién se lleva el llanto?

Y si esta docena se pierde en el viento,
yo te daré lo que me quede, aunque poco,
seis para ti, y el resto, doce para mí,
y quizás una vida más que nos separe en un salto.